Thierry Grillet

PETIT TRAITÉ DU GESTE

Pour la beauté du sport

Essai

Les Presses de la Cité

92, avenue de France – 75013 Paris
ISBN 978-2-258-20711-0
Dépôt légal : mars 2024

À Valérie, Valentin et Balthazar

Essayer encore.
Rater encore.
Rater mieux.

Samuel BECKETT, *Cap au pire*

Sommaire

Introduction

Souvenirs d'un karatéka : le « geste dans le vide »

Au fond de la salle, dans un coin un peu sombre, il y a un sac de frappe en toile bleue. Je sautille. Bing, un coup de poing (*tsuki*) dans le sac. Il se balance. Quelques coups de coude. Bam. Bam. Bam. Je suis vraiment à l'aise dans mon karategi immaculé. Il est constitué d'une toile sèche, un peu rêche. J'aime l'entendre claquer lorsque je donne un coup de poing. Le *tsuki* fait « flap-tap ». Au moment de l'impact, le poing vrille d'un quart de tour, comme pour forer le corps de l'adversaire. C'est étrange, la salle est déserte. Ma ceinture noire, traversée dans sa longueur d'un filet rouge, est nouée avec soin. Aussi soigneusement qu'on le ferait d'une cravate. Il n'y a vraiment personne, ici. Les autres auraient-ils quitté le dojo ? C'est la nuit. Je ne sais pas pourquoi je suis là. Mais peu importe, j'enchaîne les coups de pied. Le sac se balance. Au rythme du cliquetis des chaînes auxquelles il est suspendu. Maintenant, pivotant sur le côté, je donne un coup de pied latéral, *yoko geri*, à hauteur de tête d'homme. Je tiens la position. Le geste est si beau. À peine le pied reposé, voilà que j'envoie un coup de pied tournant, *mawashi geri*. La jambe, repliée, se détend soudain comme un fléau sur des gerbes de blé. Elle fouette l'air et fait claquer le haut du sac. La chaîne, comme une cloche, tintinnabule joyeusement. C'est curieux. Malgré les efforts, je garde mon souffle. Je saute et j'ai le sentiment de voler. Au ralenti. J'ai même le temps, en l'air, de redonner un dernier coup de pied avant de me récupérer avec légèreté sur le tatami, comme si j'atterrissais retenu par un parachute.

Plus de cinquante ans après, je fais de temps à autre ce même rêve, un peu pathétique, il faut bien l'avouer. C'est tout ce qui reste de cette période d'intense activité sportive – jusqu'à vingt heures d'entraînement par semaine parfois. Mon corps actuel restitue, dans la nuit, la jubilation de se sentir léger, rapide, puissant. Les muscles, les articulations, les tendons, les os ne sont plus liés pour empêcher, mais l'outil docile de la performance. Mon corps de quinze ans, avec sa souplesse, sa vigueur, habite toujours celui d'aujourd'hui. Tout est là. Il me persuaderait presque que je suis capable de réaliser ces cabrioles et d'avoir le tranchant, la vitesse d'exécution du passé. Je sais toujours ce qu'il faut faire pour exécuter tel ou tel geste. Mais je ne peux plus le faire. Quand j'essaie, rien ne va. Les neuropsychologues appellent cela la mémoire motrice. Moi, la nostalgie. Je me désole. Ce karatéka idéal repose, corps ectoplasmique, au fond de moi. C'est comme un arbre. Seuls l'écorce et le liber, dernière couche de bois, respirent, conduisant la sève, participant à la croissance de l'arbre. Mais au cœur, c'est un arbre mort, le bois dans ses jeunes années, qui n'est plus traversé par l'énergie. Tout au plus contribue-t-il à la stabilité du végétal !

Pourquoi cette mémoire motrice du geste revient-elle me hanter ainsi ? Sans doute est-ce parce que le karaté a un rapport insistant au geste. Un des fondamentaux du judo, c'est d'assurer une prise. Pour l'aïkido, c'est de retourner la force de l'adversaire contre lui-même. À la différence de ces deux arts martiaux, qui ont absolument besoin d'un partenaire, le karaté ne suppose pas que les combattants se rapprochent, ni même la présence d'un adversaire. C'est un combat de loin, une escrime de poings et de pieds qui privilégie la touche, pas la prise. Dans cette discipline qui peut ainsi se pratiquer seul, l'exercice fondamental, c'est le *kihon*. C'est-à-dire la répétition, des centaines, voire des milliers de fois, d'un geste technique, mais « dans le vide ». Postures, positions, d'abord. Attaques, défenses, ensuite. Déplacements, enfin. Dans ce répertoire ouvert, il y avait des gestes que j'appréciais plus particulièrement. Comme les simples *tsuki* ou *mae geri*, coups de poing ou coups de pied de face. J'aimais aussi « maintenir » aussi longtemps que possible l'étrange posture du cavalier, *kiba dachi*. Après l'échauffement, venait donc toujours cette séquence de travail « dans le vide », particulièrement éreintante. Et fastidieuse. La séquence était suivie du *kumite* – exercice à deux, centré sur une technique. Je me souviens de séances cuisantes face à des partenaires dont je finissais par penser qu'ils avaient des avant-bras en métal. J'en ressortais toujours les bras ou les jambes endoloris, avec des bleus qui noircissaient mes membres pour des semaines. Seuls les combats légers me plaisaient. Enfin on passait de l'idée au réel, du geste au combat. Mais ils n'arrivaient – quand ils arrivaient – qu'en toute fin de séance, pour à peine une dizaine de minutes, et comme une compensation, trop brève, à l'ennui. Le principal restait la pratique très austère du *kihon*. Du geste sans personne en face. Sans rien.

Sans doute étais-je fatigué alors de la réitération de ces gestes, retour insensé et incessant du même mouvement. Car le *kihon*, ce n'est pas le goût de la répétition à la manière musicale d'une sorte de fugue. Au moins la mélodie, répétée, y progresse-t-elle en spirale. Ici, c'est plutôt Sisyphe qui roule son rocher au sommet de la montagne pour tout recommencer à la séance suivante. Mais n'est-ce pas ce qui distingue les pratiques orientales : le prix accordé à la plus impersonnelle des répétitions ? Du temple aux mille bouddhas à l'invention japonaise de la photocopieuse, le modèle de la répétition est partout. Pour autant elle n'est pas synonyme de surplace, ni d'absence de créativité – dans la répétition se logent en effet d'infinies possibilités de variations, et c'est d'ailleurs le privilège acquis de celui qui s'est épuisé à répéter un mouvement que d'apercevoir la plasticité du geste parfait, qui n'a rien de figé, adapté qu'il est aux tempéraments, aux physionomies, aux énergies de chacun. Plus généralement, la répétition, au karaté, correspond au début de la maîtrise. Le *kihon*, c'est le *mouvement* qui cherche à devenir un *geste*. Mais un geste qui s'interrompt au moment où il pourrait devenir un *acte* – pour s'accomplir en acte il faudrait un adversaire et une intention, celle, par exemple, de mettre hors d'état de nuire un assaillant.

L'acte, c'est le résultat du geste. C'est ce que le geste a à dire. Une sorte d'énoncé prosaïque. Le geste, lui, dans son caractère intransitif, c'est un énoncé déconnecté de son objet, suspendu. Une sorte de fragment poétique, paré de la beauté de ce qui est dépouillé de toute intention. Sinon celle de se refermer sur lui-même, dans la quête d'une perfection.

Mouvement, geste, acte. C'est une grammaire possible du karaté. Quand est-ce qu'un coup de pied de face devient un geste ? Lever bien haut le genou plié devant soi, tenir son équilibre sur la jambe d'appui, les deux poings en garde, puis détendre la jambe avec un mouvement avant de la hanche, le pied tendu, les orteils relevés, et frapper avec le coussin sous-plantaire… Le passage du mouvement au geste est probablement ce qui est le plus commun à la danse, à la gymnastique, à la natation, à de nombreux autres sports, sinon à tous. Il faut « sentir » le mouvement, atteindre ce moment où il a pris sa place dans le corps, comme s'il s'y était « calé ». La technique, abolissant la contrainte, se découvre alors comme une seconde nature. C'est un chemin. L'élève écoute ce que le maître dit. Il décrit ce que devrait être le geste. Mais si l'esprit comprend les mots, le corps met plus de temps à incorporer l'idée. Car il lui faut construire et utiliser les connexions neuronales et nerveuses qui vont animer les muscles, les articulations, sculpter le mouvement et en faire un geste. C'est long. Un peu comme apprendre une nouvelle langue, avec sa grammaire, sa syntaxe, son lexique. Il faut que le cerveau, l'esprit, se fasse à un nouvel ordre, à de nouveaux sons. Le geste – même s'il est simple comme le *mae geri* – n'est pas naturel. Il faut le décomposer, mais ainsi il n'est qu'un mouvement, une suite de moments, une succession de points dans l'espace qu'il faut relier. Une mécanique. Il faut alors que cette trajectoire s'abolisse en une unité indécomposable, oublieuse du chemin par lequel le mouvement est passé pour s'accomplir en geste.

Pourquoi tant d'attention, d'obsession presque, pour atteindre à l'exécution parfaite du geste, brique première de la discipline ? C'est que, un jour, il sera intégré dans une action – un combat ou un *kata*, une suite codifiée de gestes « dans le vide ». Comme un mot qui, bien placé, prendrait tout son sens dans une phrase. C'est là que le terme de « chorégraphie » vient naturellement en tête. L'anthropologue Marcel Mauss n'écrivait-il pas, dans son *Manuel d'ethnographie*[1], que l'homme est « un animal rythmique » ? Il pensait sans doute aux premiers hommes tapant sur les silex pour en faire des « bifaces » tranchants, ou au paysan de la vallée du Nil fanant le blé... Mais c'est vrai aussi du sportif. La beauté des enchaînements d'un *kata* tient d'abord à celle qui siège dans chacun des gestes, pris un par un. Dans les années 1970, quand le karaté devenait à la mode (des stars comme Johnny Hallyday ou Michel Polnareff étaient complaisamment filmées dans des dojos), un jeune acteur sino-américain, Bruce Lee, révolutionna le film d'arts martiaux jusque-là dominé par une imagerie passéiste, où des héros à la figure de lettrés chinois, à longue barbiche et « bob » en soie naturelle, s'affrontaient dans les airs,

1. Payot, 2021 (première édition 1926).

lors d'invraisemblables joutes. En mettant fin à ces vols au-dessus des pagodes, Bruce Lee réinstalla le combat « sur terre » – et dans un contexte contemporain. Avec ses films – *The Big Boss* (1971), *La Fureur de vaincre* (1972), *La Fureur du dragon* (1972), *Opération Dragon* (1973) – le jeune prodige du cinéma de kung-fu renouvela alors la population des dojos. Des égarés affluèrent en nombre sur les parquets et les tatamis. Ils singeaient, simples ceintures blanches, les mouvements de leur idole. Dans les compétitions, certains allaient, dans une sorte de transe, jusqu'à pousser non plus le *kiai*, ce cri-décharge d'énergie au moment d'un coup décisif, mais un long miaulement, tout en fixant leur poing d'un regard extatique. Ce fut une drôle de période. Et même une période drôle. Toutefois, mis à part ces excès bouffons, le cinéma de Bruce Lee, malgré sa rhétorique un peu kitsch (les coups de poing tonnaient comme des coups de canon, et les combats incorporaient secrètement des pas de cha-cha-cha dont Bruce Lee était champion !), réconciliait l'idée du beau et de l'utile. Le geste pouvait être efficace tout en étant élégant.

Les chorégraphies de combat à la Bruce Lee faisaient toute leur place au coup « célibataire », souligné parfois jusqu'au ridicule par un arrêt, un long silence. Cette esthétisation eut sa part alors, chez les adolescents que nous étions, dans l'amour du geste.

Sans doute ceux qui ont pratiqué plus longtemps et plus sérieusement que moi condamneront cet attachement exorbitant au geste. Pour eux, il représente une véritable perversion. Le geste est fait avant tout – dans l'esprit d'un art martial – pour effectuer, non pour l'effet. Faut-il pour autant opposer, dans le geste, son efficacité et sa beauté ? Un beau geste est-il efficace, et inversement ? « L'ornement est un crime », proclamait l'architecte autrichien Adolf Loos au début du XXe siècle. Face aux architectures surchargées du XIXe, débordant d'un pompeux décorum, il appelait, en moderne, au refus du décor, et en général de tout ce qui ne rentrait pas dans le plan de l'indispensable. Dépouiller la forme de tout ce qui ne lui est pas utile. Jusqu'à atteindre la manifestation parfaite, et donc belle, de la fonction. Cette perfection qui procède par soustraction jusqu'à ne laisser subsister que le nécessaire met en avant, chez le sportif, le principe de l'harmonie vitale – le corps, comme le cerveau, cherchant sans cesse les meilleures solutions pour économiser l'énergie, la conserver et la redéployer. Le geste du karatéka, et plus généralement du sportif, relève de cette même logique. Cette perfection tient en une maxime : « Un minimum d'effort pour un maximum d'effet ! » Le meilleur geste possible est donc celui qui associe, à la simplicité de son mécanisme, la plus grande richesse d'effet. C'est cette économie du geste, cette perfection, qui en fait la beauté – et ce, dans toutes les disciplines.

Mais, comme dans l'art, il faut beaucoup se dépenser pour s'économiser. Des milliers de fois le geste doit être répété pour atteindre à cette épure. Sans vouloir par trop étendre le champ de cette réflexion, je ne peux m'empêcher de penser à la manière dont Matisse dessinait. L'artiste a été véritablement « habité » par les arbres toute sa vie. Il admirait, jusqu'à en être écrasé, ceux de Cézanne. Le dessin de son *Platane*

– dans les années 1940 –, dans son extrême dépouillement tout oriental, a constitué l'aboutissement d'années de tâtonnements. Comme, en somme, un maître d'art martial, il lui fallait débarrasser le geste, son trait, de tout ce qui aurait pu nuire à sa perfection plastique – émotion et intention. Juste le nécessaire. « Je ne me débarrasserai pas de mon émotion en copiant l'arbre avec exactitude, ou en dessinant les feuilles une à une dans le langage courant. [...] Il me faut créer un objet qui ressemble à l'arbre – le signe de l'arbre. » Le coup de pied n'a pas à être décoché avec colère, ni avec l'intention technique de « bien faire ». Il doit juste coïncider avec lui-même.

Cette petite mémoire, très personnelle, du geste du karaté dans sa relative austérité m'a conduit à regarder d'autres disciplines sportives et à en admirer les gestes emblématiques. Ainsi y aurait-il, dans chaque sport, une manière d'analyser ces gestes non pas tant sur le plan purement sportif, mais pour leur restituer leur épaisseur culturelle. Raconter leur histoire, le roman parfois de leur origine, les considérer comme des artefacts que l'espèce humaine a inventés pour rendre les mouvements plus performants, apercevoir parfois, derrière cette physique du geste, une métaphysique qui lui octroie une profondeur spirituelle. En latin, il y a trois verbes pour exprimer l'idée que l'on « fait » : *facere*, « faire » dans son acception la plus large, et qui a donné le nom « fait » ; *agere*, qui signifie « faire, agir » et qui a donné l'« acte » ; *gerere*, « faire, accomplir, exécuter », qui a donné le « geste ». Faire un mouvement, en faire un acte, mais surtout en faire un accomplissement, voilà ce qu'est le geste du sportif. Évidemment tous les sports ne supposent pas, dans l'exécution d'un geste, le même degré d'accomplissement – on le verra notamment avec le tir à l'arc, sous-tendu par une véritable éthique du tir qui contraste naturellement avec des disciplines comme la course, dont les gestes n'ont pas la même densité. Et encore…

Ainsi me suis-je intéressé à quelques-uns des gestes les plus connus de sports très divers. Il y a en la matière une grande variété, ou plutôt une grande latitude dans la perception de ce qui fait le geste emblématique. Il y a le geste des commencements comme le service au tennis, le geste farce comme le penalty au football, le geste indigeste comme le jab à la boxe, le geste philosophique comme le tir à l'arc, le geste magique comme le ollie au skateboard, le geste séraphique comme le saut de l'ange au plongeon, le geste universel comme la foulée à la course, le geste hippie comme le fosbury au saut en hauteur. Et ce geste, exceptionnel, qui ne se répétera jamais sans doute, saluant une victoire de Lilian Thuram lors de la Coupe du monde de 1998…

Indubitablement, dans nos sociétés où la pratique sportive est, à raison, encouragée, le sport obéit-il d'abord à la recherche du bien-être, au goût pour le loisir – le mot « sport » vient de l'ancien français *desport*, « divertissement ». Mais, pour autant, le sport ne s'oppose pas au travail. Il l'intègre. Il est son double. Plus sympathique, certes, car le sportif s'y occupe de lui. Mais l'un et l'autre exigent toutefois la maîtrise, toujours plus stricte, d'un geste, qu'il s'agisse de produire quelque chose ou de bâtir une performance. Il y a ainsi une même rigueur qui donne son sens à ce qui est fait. Presque une religion – de la belle foulée, du beau fosbury, de la belle panenka, etc. Tout sportif pourrait assurément faire sienne l'injonction, que le Péguy de *L'Argent* (1913) faisait venir du fond des temps, et qui résonne encore dans les esprits : « Il fallait qu'un bâton de chaise fût bien fait. Il ne fallait pas qu'il fût bien fait pour le salaire [...]. Il ne fallait pas qu'il fût bien fait pour le patron. Il fallait qu'il fût bien fait lui-même, en lui-même, pour lui-même. »

1
Tennis
Le service, geste des commencements

« Le tennis et le ping-pong, c'est pareil. Sauf qu'au tennis les joueurs sont montés sur la table. » La blague bien connue de Coluche a le mérite de souligner le caractère spectaculaire de ce jeu : le corps du joueur y est en effet exhibé sur une « scène », le terrain, au vu et au su d'un public. Le corps y joue une partie qui a beaucoup à voir avec le théâtre. Avec sa dramaturgie, ses actes comme dans la tragédie (les trois ou cinq sets), ses scènes (les jeux), ses répliques (les échanges de balle), ses coups du sort qui inversent le cours d'un match et font croire à la présence d'un dieu malin, sans oublier ses coups de folie, comme les colères de

McEnroe fracassant quelques raquettes sur le sol… D'une certaine manière, avec cette image des tennismen sur la table, l'humoriste suggère que le jeu est plus grand que les joueurs ! Comment ne pas constater en effet qu'un des ressorts du tennis, c'est de voir même les plus grands « perdre leur tennis » comme on perd les pédales, rater service sur service, écrasés soudain par une force inconnue qui vient du jeu, du terrain lui-même, lequel engrillage alors la pensée dans le tracé sans échappatoire des balises blanches ? Le terrain de tennis incarne un espace mental, où deux volontés se font face, se règlent et se dérèglent à tour de rôle, espace moral aussi, où une loi d'airain impose aux joueurs une météo, un public, un ensemble de règlements, un relevé des points (jeux, avantages) ramenant toujours tout à zéro à travers une comptabilité exténuante. Les joueurs deviennent mineurs de fond au long d'interminables heures d'affrontement. Car, dans cet espace strictement limité, et aux couleurs pop – rouge (Roland-Garros), bleu (Open d'Australie), vert (Wimbledon), etc. –, le temps, lui, est élastique et épouse les aléas du match, sa durée propre, jamais la même. C'est dans cet espace singulier que le champion réalise le geste du tennis, qui ne se doit pas seulement d'être juste, mais aussi d'être beau. Et tout particulièrement le geste du « service ». Certains joueurs y ont fait merveille, comme Noah, Borg, Nadal et bien d'autres, jusqu'à l'élégant Federer.

Placé de côté sur sa ligne de fond, Roger Federer, l'athlète suisse dandy au bandana, lance de la main gauche la balle jaune, haut dans les airs. Il plie les genoux, penche le torse en arrière. Il fixe la balle de son œil d'épervier et ne la lâchera plus. Simultanément il arme son bras droit derrière la tête, la raquette tenue d'une main ferme. Comme un ressort, le bras replié en angle droit se détend, tout le poids et la puissance du corps roulent sur la hanche droite du champion. Son corps bascule en avant. La raquette, comme une catapulte, a pris de la vitesse, et tape avec un son mat la balle jaune, en la rabattant vers le carré de service adverse. Les pieds, dans une légère torsion, décollent du sol comme emportés par la violence du coup. Le sportif à la tâche pousse en soufflant un râle de forçat. L'épervier suit la trajectoire filante de la balle jaune. Le bras frappeur poursuit sa course jusqu'à son terme. Le mouvement a traversé la balle. Elle fonce à plus de deux cents kilomètres à l'heure au radar. Le geste est complet, parfait. Le terrain s'électrise soudain. Tel un devin antique qui déchiffrait un présage dans le vol d'un oiseau traversant le rectangle de ciel romain qu'il avait dessiné de son bâton (le *templum*), le public regarde le carré de terre ocre que percute le petit soleil jaune. Il frissonne. L'adversaire reste figé et contemple, d'un air navré, le bolide doré fuser, toucher le sol et s'éloigner à jamais. Ace. Voilà, avec « Rodgeur », le portrait d'un des meilleurs serveurs de l'histoire du tennis.

Face à cette sculpture vivante qu'est le mythique Federer, égale à bien des égards au *Discobole* attribué à l'artiste grec antique Myron, il faut puiser dans des analyses de fond. Marcel Mauss rappelait dans un texte dense, *Les Techniques du corps*[1], que

1. Éditions Payot, 2021 (première édition 1934).

le geste se comprenait dans une totalité à trois dimensions : physique, technique et magico-religieuse. Le service de Federer, plus que celui d'aucun autre tennisman peut-être, paraît répondre à cette définition. Le joueur, pas seulement un sportif mais un athlète, met en œuvre aujourd'hui tous les muscles de la tête aux pieds, dans une coordination parfaite. L'homme y prouve qu'il sait, à la différence des animaux, se servir de son corps comme d'un outil sophistiqué. Il lui impose des mouvements inhabituels, contre-nature même, qu'il transforme au long d'années d'un entraînement opiniâtre : il faut faire entrer le geste dans le corps. Il l'ordonne enfin à la finalité, arbitraire et toujours étrange, du jeu, c'est-à-dire à la course, gagnante ou non, d'une balle de caoutchouc dans le carré ocre de la terre battue ou vert d'un gazon. Il y a, dans son geste précis, la force d'un rituel qui fait de Federer un prêtre des commencements. Ce geste d'engagement est unique et entraîne derrière lui tout le tennis. Sans doute parce qu'il concentre une tension singulière. Aucun autre coup ne le précède. Coup né du néant qui cherche à y retourner dans la faillite, toujours espérée, de relance de l'adversaire. C'est un geste presque abstrait, qui se travaille seul, sans adversaire. Il incarne, dans le tennis, une certaine beauté du geste solitaire. Pas exempt, pour autant, de tics ou de tocs parfois inesthétiques chez certains joueurs, trahissant l'enjeu par cette fébrilité. Les uns, penchés vers le sol, font rebondir sans fin la balle, les autres crachent. Certains regardent leur raquette en se passant machinalement les doigts dans les cheveux, ou dans le cordage comme pour s'assurer une énième fois de la tension optimale des boyaux. Qui a dit que le tennis manquait de tripes ? Geste du service, geste « blanc », exécuté à vide des centaines de fois à l'entraînement pour rendre machinal ce qui échappe décidément à la répétition. C'est pour toutes ces raisons que le service a très tôt été identifié comme un motif par les artistes – tels que Marcelle Cahn, une peintre inspirée par le cubisme avec *La Femme à la raquette* (1927), ou encore le futuriste Giacomo Balla avec *Joueuse de tennis* (1928), empruntant à la chronophotographie l'image démultipliée de la balle pour rendre le mouvement. Il ne faudrait pas négliger la partie de tennis filmée par Jacques Tati (qui a mimé tant de fois les gestes du sportif) dans *Les Vacances de monsieur Hulot* (1953). Dans ce petit chef-d'œuvre du burlesque, il met en scène le service fantasque de Hulot, personnage décalé qui détruit imperturbablement le sérieux de ce jeu de la bonne société par un geste absurde mais ô combien efficace…

Le service a également été scruté par les scientifiques comme une clé possible d'intelligibilité du geste tennistique. L'Américain Eadweard Muybridge et le Français Étienne-Jules Marey (pionnier de la chronophotographie dans sa « station physiologique » du Parc des Princes à partir de 1882) initient chacun, avec leurs expérimentations, l'étude de la décomposition du mouvement humain et animal – notamment celui du cheval au galop. Quelques décennies plus tard, dans les années 1930, le chercheur Harold Edgerton met au point son flash au xénon, produisant des éclairs de très grande intensité – de l'ordre du millionième de seconde. Il décompose encore plus finement le mouvement. En 1949, il peut ainsi immortaliser en images stroboscopiques le service de la joueuse américaine Gussie Moran. On y observe, comme une révélation, l'élégante arabesque de dizaines de raquettes qui virevoltent, suivant les arrondis d'une courbe, autour de la championne. À l'époque, cette vue biomécanique était un moyen de mettre sous les yeux la complexité d'un geste apparemment simple. D'en déceler les insuffisances, d'en corriger les faiblesses. Avec le temps et les technologies numériques – *motion capture*, ralenti extrême… –, ces images ont perdu de leur pertinence et ont gagné un statut de création artistique. Le service y apparaît alors bien comme une œuvre, engendrée par un jeu, par un corps saisi dans une chorégraphie singulière, une danse exécutée avec raquette et balle. Le corps du serveur Federer se tord à l'évidence comme celui d'un danseur. La balle, habituée plutôt aux trajectoires horizontales, y joue avec la verticale. La raquette, selon l'angle de la prise et le frottement (slicé, lifté, chopé, etc.) que son tamis de cordage imprime à la balle, s'y affirme experte en balistique. De cette science des jets qui donne au projectile, parfois, des trajectoires inattendues naît la surprise dans un coup qui, pour être redoutable, demeure par nature prévisible : il est attendu, annoncé, prédéterminé par le carré de service où il doit aboutir. C'est ce qui pousse certains, comme Chang, un 5 juin 1989, lors de la finale des Internationaux de Roland-Garros, à improviser à la sauvette un service à la cuillère qui déstabilisa Lendl...

À ce service de Federer ne manque rien de ce qui fait la perfection. Timing, efficacité et beauté. Le mouvement est devenu geste, et le geste s'est converti en signe, véritable symbole de l'accomplissement du tennis. Car le service en est un. Et des plus paradoxaux. Il est le commencement de l'échange tout en rêvant d'en être la fin. Servir pour ne pas avoir à jouer ! Dans le service, il y a à la fois l'exaltation de l'échange et la promesse de son impossibilité. Le service de Federer, aboutissant à l'ace, n'appelle aucune réponse. Il n'est plus alors qu'un geste pur. Une performance qui se passe apparemment de partenaire. Mais c'est un trompe-l'œil. Sans l'adversaire, sans tout ce qui accompagne et rend possible le service gagnant, il n'y aurait pas de service parfait. Il se nourrit en effet de ce qui doit en contrarier le succès – le fait qu'il y ait un autre joueur, tout de vigilance, à vingt et quelques mètres, et auquel il faut dissimuler ce coup trop prévisible. Le fait qu'il y ait un filet, à la hauteur duquel la première balle doit régler sa trajectoire au plus près, sa vitesse au plus vite, et son effet au plus inattendu. Le fait enfin qu'il y ait un carré bien dessiné sur le sol, dont la balle ne devra pas sortir, sauf à lécher la ligne. Ce coup est l'aboutissement d'une longue histoire.

Le service signe en effet, à la fin du XIXe siècle, l'avènement du tennis moderne. Le filet s'est abaissé, le terrain s'est allongé et a quitté le plan à la géométrie complexe du jeu de paume pour en substituer un autre, simplifié. C'est dans ces conditions matérielles que l'innovation surgit. L'idée naît toujours du concret. En 1878, lors de la deuxième édition de Wimbledon, le Dr Arthur Thomas Myers lance la balle au-dessus de sa tête et la frappe par le haut. Cette drôle d'idée, excentrique et visionnaire, consomme la rupture systémique avec le jeu de paume, où le service se faisait dans une partie dessinée en losange sur un terrain asymétrique, obligeant à changer de côté pour servir. Le modèle de la « passe », service à la cuillère alors en vigueur, où le joueur regarde le sol, cède devant celui de la « frappe ». Le geste s'ouvre, s'amplifie. Le joueur lève les bras au ciel. Comme s'il lançait une incantation au dieu du tennis. Plus sérieusement, le geste transforme les fondamentaux du jeu et de l'échange. La vitesse – on enregistre alors les premiers records – et la puissance rendent le jeu plus nerveux. Plus décisif aussi. Le jeu peut être gagné sur un seul coup, rendant nécessaires de nouveaux ajustements. Comme l'interdiction de décoller le pied au moment du service, clouant de fait le joueur au sol en réduisant l'amplitude de son mouvement… Pendant cette période, avant que l'on autorise de nouveau dans les années 1960 les joueurs à opérer leur service en laissant le pied s'élever, et même en sautant, un joueur singulier domine le circuit : Pancho Gonzales, un Américain d'origine mexicaine, cheveux noirs et œil de velours, bel homme (marié six fois !), charismatique, qui vient au tennis en autodidacte. Le tombeur au surnom ridicule de Gorgonzalès n'a jamais pris une leçon ! C'est sa mère qui lui offre sa première raquette, bon marché, à douze ans. À dix-neuf, il remporte sans effort la victoire aux US Nationals, l'ancêtre de l'US Open. Anticonformiste, indiscipliné, irrégulier aux entraînements, mais célèbre pour son service en boulet de canon et son jeu à la volée, le surdoué bouscule le monde feutré du tennis. Aussi étrange que cela puisse paraître, sa réussite au service-volée est si époustouflante que les autorités modifient brièvement les règles du circuit professionnel dans les années 1950 pour lui interdire d'avancer au filet immédiatement après son service. Rien n'y fait. Il gagne quand même et les règles sont rétablies…

Dans cet engagement venu du jeu de paume – importé de France par les nobles émigrés ayant fui la Révolution française –, le « tesnez » (qui a donné, par déformation phonétique, le « tennis ») était à la fois une invite courtoise prévenant l'adversaire de l'envoi et une injonction, voire une menace, d'en finir : « Tenez, attrapez si vous pouvez. » En linguistique, ce type d'énoncé est qualifié de « performatif », terme qui souligne l'équivalence entre le mot et l'acte. Il suffit de dire pour faire. Cette politesse en acte enveloppe les échanges, témoignant d'un délicat sens du dialogue, encadré par des règles fixant la grammaire d'une conversation où l'on se renvoie la balle. Ce formalisme n'exclut pas, loin de là, les coups de sang – un smash –, les coups tordus – une amortie –, les coups vicieux – une balle slicée rétro… Le tennis est une conversation, où les arguments les plus variés se frottent les uns aux autres. C'est à qui clouera le bec à l'autre, rendant la réplique impossible. Les passing-shots, le coup droit lifté, le lob se lisent à livre ouvert comme autant de figures de style. Après tout, ce n'est pas un hasard si le jeu de paume est apparu en France – dès le XIIe siècle – dans la société « courtoise ». Jeu aristocratique, sans être un sport de combat comme l'escrime, il se déploie pleinement dans la société de l'Ancien Régime, conditionnée par une culture de la préciosité dans les salons raffinés où l'on se « renvoie la balle » à coups de mots d'esprit, de répliques. Il y a beaucoup de frustration, beaucoup de non-dits chez ces aristocrates à qui le roi a retiré une partie de leur pouvoir, de leurs prérogatives au bénéfice de la bourgeoisie montante. Alors il leur faudra user d'un langage précieux, oblique, fait de sous-entendus, de détours qui passent par les vers, les jeux, les gestes… Ce que la bouche ne peut articuler, la main, le bras, les envois, les relances l'expriment, dans la virtuosité de longs échanges – ou de très brefs comme un aphorisme – qui permettent d'exprimer bien des choses sans doute à celui auquel et dont on ne peut rien dire. J'aime à penser que le tennis se confirme art de la conversation. Au contraire de l'escrime où, comme Cyrano, « à la fin de l'envoi, je touche », ni le jeu de paume ni le tennis ne cherchent le contact. Ces lancers de balle comme des « traits d'esprit » visent à distance non l'adversaire, mais ses absences – là où la balle va, il n'est pas ; là où il est, la balle ne va pas. Il ne s'agit pas de tuer l'adversaire mais de lui faire comprendre sa faiblesse. En somme, sa vanité. À quelques exceptions près, comme Lendl qui, lui, prenait pour cible l'adversaire qu'il mitraillait à bout portant de sa balle tueuse. (Faut-il ici rappeler le service meurtrier de Stefan Edberg lors de la demi-finale de l'US Open, le 10 septembre 1983 ? Le champion décoche une balle qui fait chuter l'arbitre de ligne, Richard Wertheim. Fracture du crâne. Il décède quelques jours plus tard.) Mais parfois, comme dans le tie-break d'anthologie qui opposa en 1980 John McEnroe et Björn Borg, la rencontre traduit une correspondance parfaite, la communication transparente du tennis à lui-même. Les deux joueurs se parlent, se comprennent en miroir. Les champions sont l'un pour l'autre, dans une dialectique sublime : on dirait qu'à travers chaque coup, déclinant tout le dictionnaire du tennis, ils se font la courte échelle pour monter au plus haut. Indifférents alors au public, concentrés. Il ne s'agit plus d'« épater la galerie », comme on disait au jeu de paume. Les voilà, ces saints patrons du tennis, comme dans une disputatio médiévale, qui s'envoient des arguments de plus en plus parfaits. Comme le dit Serge Daney, dans sa chronique du journal *Libération* publiée dans *L'Amateur de tennis*[1], qu'il consacre à ce moment : « Surpris peut-être par la réussite de leurs coups, ils donnent le sentiment, dans ce duel au sommet, de succomber eux aussi aux vertiges de la symétrie, *de vouloir et de ne pas vouloir* se départager. » C'est en somme un échange à son plus haut niveau qui oublie l'enjeu et se réjouit d'être l'avènement de l'essence du jeu. Ce parallèle entre tennis et conversation n'est pas un hasard. Il inspire le roman de Tonino Benacquista, *Quelqu'un d'autre*[2], qui en livre une illustration plus prosaïque. Deux hommes se rencontrent – quel beau mot, également applicable à la vie et à un match ! Ils échangent des balles. Ils partagent tous deux l'envie de changer de vie. De devenir quelqu'un d'autre. L'un est plutôt joueur de fond de court. L'autre monte volontiers au filet. Deux philosophies de l'existence. La stabilité au risque de l'ennui. L'aventure au risque de la perte. Que vaut-il mieux pour changer de vie ?

---

1. Serge Daney, *L'Amateur de tennis : Critiques, 1980-1990*, P.O.L, 1994.
2. Tonino Benacquista, *Quelqu'un d'autre*, Gallimard, 2002.

Comme l'écrivait René Lacoste – l'un des « Quatre Mousquetaires » vedettes du tennis des années 1930 (avec Henri Cochet, Jean Borotra, Jacques Brugnon) et fondateur de la marque Lacoste – dans *Tennis*[1], son ouvrage illustré de kinogrammes (succession de photographies qui décomposent le mouvement), « de tous les coups du tennis, le service est peut-être le plus important : médiocre, il condamne à subir l'attaque de l'adversaire, un jeu sur deux. Effectif, il permet au contraire de prendre un net avantage ». Que l'on soit assis sur les gradins de Roland-Garros ou devant sa télé, on voit qu'il est difficile, sinon parfois impossible, de retourner le sens du jeu. Il faut une résistance, une opiniâtreté pour travailler à se régler sur le service de l'autre et se ménager la chance d'un échange. Alors s'ouvre un autre jeu, le contraire de celui qu'instaure le service. Si le tennis à un temps qu'est le service menace l'intégrité du jeu, le tennis à mille temps la compromet également.

1. René Lacoste, *Tennis*, Grasset, 1928.

Les interminables relances, celles d'un crocodile de fond de court opposées aux agitations impuissantes d'un papillon de filet, tapissent la partie d'une monotonie « dont on ne sort, comme de l'ambiguïté, qu'à son détriment ». Il faut un grain de folie pour alors monter au filet et attaquer face à une telle machine à renvoyer. Le public bâille. Les joueurs aussi, parfois. La lassitude s'installe, avale tout, plus rien ne sort, la balle fait tourner les têtes en alternance sans espoir, sans émotion. Il n'y a plus de cris, plus de « oh ! », plus de « ah ! », plus de rumeurs émues ou indignées. Même plus de ces légers soupirs de frustration qui passent comme une brise dans le silence d'un match. Le court entier – terre battue, joueurs, arbitres, ramasseurs de balles, tribunes, gradins, coursives – s'assoupit, vaincu par la scansion métronomique de la cognée de la raquette, par la régularité d'échanges sans un mot plus haut que l'autre, dans les premières chaleurs d'un dimanche après-midi de juin. L'ennui, « maladie bénigne et ordinaire du temps », comme dit le philosophe Vladimir Jankélévitch[1], a ouvert les vannes de la distraction. Le public n'est plus au jeu. Il flotte. Le court de tennis, aux dimensions d'un très bel appartement haussmannien de cent quatre-vingt-quinze mètres carrés, sert alors de bric-à-brac aux pensées parasites de ces milliers de spectateurs qui ne forment plus un public, mais une congrégation d'ennuyés. Un souci, un oubli, un souvenir, une crainte, un mal de tête, une angoisse… C'est maintenant un appartement en désordre. Le tennis est alors l'image de ce qui fait de ce *taedium vitae* (fatigue de vie) le fond de l'existence et que seul un jeu d'attaque peut briser, en apportant à ce temps qui dure trop un divertissement salutaire.

Peut-être, lecteur, diras-tu que je parle trop d'ennui à propos de tennis. Mais c'est parce que, n'y ayant jamais joué, n'ayant regardé pendant longtemps le tennis qu'à la télévision – pas toujours sur un poste de bonne qualité –, j'ai vécu ce

1. Vladimir Jankélévitch, *L'Aventure, l'Ennui, le Sérieux*, Aubier-Montaigne (Flammarion), 1963.

spectacle à contretemps et en voyeur saisonnier. Le tennis, c'était Roland-Garros, l'après-Cannes. Je n'y comprenais rien – le compte des points, les commentaires –, mais j'aimais l'été qui s'annonçait à travers cette compétition. Je laissais le poste allumé pour entendre ces balles, ces silences, ces clameurs parfois, et aussi pour meubler les week-ends de l'adolescent solitaire dans le Paris vide d'alors. Je redoutais ma vacuité, et le tennis, sonore, m'a permis de la tenir à distance. Ce qui me fait songer (décidément tennis et cinéma ont partie liée) à la dernière scène d'un film de Michelangelo Antonioni, *Blow-Up* (1966) : une bande de clowns, juchés sur un petit camion, investit un terrain de tennis perdu dans la campagne anglaise. Deux d'entre eux improvisent une partie en simple, mimant toutes les phases d'un match : le service, les relances, les points disputés, la colère, l'abattement, les caprices d'une balle imaginaire qui leur échappe. La caméra s'attarde d'abord sur les corps de ces joueurs extravagants qui courent, tapent, chutent, s'évertuent. Puis la caméra oublie les personnages pour suivre la trajectoire de la chose qu'on ne voit pas. Jusqu'à ce que le héros Thomas (David Hemmings) – jusque-là spectateur passif – soit sollicité par les mimes qui l'implorent d'aller chercher la balle tombée hors de l'aire de jeu. L'homme hésite. Puis laisse son regard flotter sur le parc. Enfin, comme s'il avait retrouvé la balle, il se lève, marche, se baisse pour ramasser cet objet qui n'existait pas, avant de prendre de l'élan et de le renvoyer. On entend alors, sans le voir, le jeu reprendre à cause du son que produit la balle sur les raquettes. Le geste du service prend ici une signification, à mes yeux, particulière. C'est en effet un service que rend le héros en renvoyant la balle vers le terrain. Mais c'est aussi un *service* – sans raquette et sans balle –, coup d'envoi métaphysique d'une nouvelle partie, d'une nouvelle existence où l'on accepte de croire à la balle invisible et d'entrer dans le jeu. En décidant de servir ainsi, Thomas acquiesce au « divertissement », au sens positif, pour échapper à l'ennui qui tapisse, pour le philosophe pessimiste, l'existence humaine. Sans doute est-ce augmenter inconsidérément la gloire du tennis que d'y voir un jeu sacré, mais dans cette balle qui va de l'un à l'autre, qui fait le lien, se dessine peut-être pour l'homme une sortie du désespoir et de la solitude. Il faut servir, servir et servir encore, semble dire le joueur de tennis, pour survivre et oublier qu'il y aura un temps où viendra la dernière balle.

2
Football
La panenka, penalty geste-farce

C'est à Berlin, le 9 juillet 2006. Sixième minute de la finale de la Coupe du monde opposant la France et l'Italie. Florent Malouda, l'attaquant qui partait vers le but, est bousculé dans la surface de réparation par deux Italiens qui l'ont pris en tenaille. L'arbitre au maillot rouge fonce, le bras tendu, vers le point de penalty. Pas de discussion. C'est Zidane qui va le tirer. Son visage est émacié, anguleux, allongé comme une peinture du Greco. L'espace autour de la cage se vide. Il n'y a plus que deux hommes face à face, un périmètre tracé à la craie blanche, un but, des filets. Zidane se met en place. La caméra passe alternativement du tireur au gardien. Gianluigi Buffon crache dans ses gants. Zidane est comme muré dans sa bulle. Il regarde l'herbe verte. L'œil est noir. Il prend peu d'élan. Deux pas, trois, guère plus. C'est sa façon. Il en a tiré des dizaines. Mais ce penalty pèse beaucoup. C'est la finale. C'est sérieux. C'est aussi, pour lui, le dernier match de sa carrière. C'est douloureux. Point final.

Il s'élance. La balle part tout droit, en plein centre du but. Sans feinte. Sans beaucoup de force. Elle monte haut, tape sur la transversale et rebondit (heureusement) à l'intérieur du but avant de ressortir. Le gardien a plongé du côté où la balle n'était pas. La balle, elle, est venue là où lui n'était plus. Il aurait dû rester, statue du commandeur, à sa place. Zidane a osé la panenka, un geste comme un coup de tête ! Déraisonnable et diabolique. Tirer une panenka, ce penalty en « feuille morte », est un coup d'audace. Une folie. Même si Zidane soutient le contraire. « Je leur ai dit que j'étais tout sauf fou. Il y avait Buffon en face et il me connaissait très bien. J'ai joué avec lui pendant cinq saisons. Il savait que je tirais les penaltys à sa droite. Si j'avais été fou, j'aurais tiré là où il allait plonger. La solution pour moi était donc de faire ça. Alors, forcément, pour tout le monde je suis fou parce qu'on ne fait pas ce geste en finale de Coupe du monde. Mais on était à la septième minute, et je me disais qu'il en restait quatre-vingt-trois si je le ratais. » Peut-être y a-t-il eu dans cette panenka autre chose, une pointe d'orgueil. De l'*hybris*, c'est-à-dire un goût pour la démesure, que les Grecs tenaient pour une faute à l'égard des dieux. Dans un entretien donné à TF1 et Canal+ trois jours après la défaite, malgré ce penalty magistral, le 12 juillet (jour anniversaire de la victoire en 1998), Zidane confessait : « Je l'ai fait aussi pour que ça reste... »

L'histoire des sports passe par le corps des hommes. Certains sportifs laissent même leur nom à un geste. Par antonomase. Devenu « geste-monument », il conserve le souvenir de son origine. Antonin Panenka, joueur des Bohemians de Prague, invente ainsi ce penalty révolutionnaire en 1976, lors de la finale de la Coupe d'Europe des nations. Ici, la manière de faire semble contredire le sens commun : le Tchécoslovaque, loin de tirer avec force, pique la balle pour l'envoyer mourir au fond des filets. Zidane a donné un éclat supplémentaire à la panenka face à Buffon. Peut-être à cause de la barre transversale qui ajoute une ultime incertitude à cette roulette russe. Fabien Barthez dira de ce penalty que c'est « le geste d'un malade ». Il faut l'être, en effet, pour prendre ce risque qui consiste, contre toute attente, à tirer tout droit en poussant la balle vers le gardien. Presque une passe. Certains, parmi les plus grands, l'ont ratée. Comme Éric Cantona lorsqu'il était à Bordeaux, lors du match de trente-deuxième de finale de la Coupe de France, contre l'AS Beauvais Oise. Pas trop grave, tout de même. Suprême raffinement que ce tir qui paraît refuser toute feinte et se révèle être la feinte suprême. Dans une sorte de contre-pied mental, c'est le gardien qui, en plongeant, s'éloigne de la balle et non la balle qui se loge au plus loin du gardien. Le contraire du pragmatisme qui, jusqu'à cette finale où le geste est inventé, veut que les joueurs tapent fort et dans un coin éloigné de la cage. Aussi, avec ce geste, Panenka fait-il un pied de nez à un contexte d'extrême pression, psychique et politique : le joueur y affronte non seulement le gardien, mais sa propre peur de rater. Alors la panenka apparaît comme une aspiration désinvolte à la liberté. Une manière de « je-m'en-foutisme ». Antonin Panenka y voyait d'ailleurs la marque de l'esprit non conformiste du héros du roman culte de la culture tchèque, *Les Aventures du brave soldat Švejk* (1921), de Jaroslav Hašek. Une sorte d'éloge de l'absurde mis en scène dans cette œuvre satirique d'après-Première Guerre mondiale… En pleine guerre froide, dans les années 1970, ce désir de liberté fait sens – presque scandale. Panenka joue avec le feu devant les caciques du Parti, pas vraiment joueurs. C'est en effet un symbole que de voir un pays du bloc soviétique proche de remporter enfin la finale de la Coupe d'Europe des nations contre la République fédérale d'Allemagne, pays capitaliste et symbole de la fracture entre Est et Ouest ! Alors comment l'idée de défier ainsi le destin est-elle venue à l'esprit du joueur socialiste ? Est-ce un coup de folie – un pied de nez aux autorités ? Est-ce par goût du jeu – du « hasard » ? Est-ce par arrogance – se sentir plus fort, au-dessus des lois ? Mais gare à la colère divine !

La panenka a été imitée, transformée, réinterprétée par des virtuoses – dont Zidane, Andrea Pirlo contre l'Angleterre lors de l'Euro 2012, ou le joueur uruguayen Sebastián Abreu, surnommé « El Loco », qui, sur vingt-quatre *cavadinhas* (la panenka en Amérique du Sud) tentées, en a transformé vingt-deux dans les années 2000. C'est un geste qu'on hésite à faire ou que les coéquipiers vous dissuadent de réaliser. Alors, que penser de la toute première, la panenka d'origine ? Sinon qu'elle fut une véritable œuvre d'art. Une rupture comme on n'en voit pas beaucoup dans le sport – comparable, par exemple, à l'invention au tennis du service moderne. Cette panenka n'a toutefois pas surgi de nulle part. Fruit de l'audace et de l'intelligence, loin d'être improvisée, elle est patiemment mise au point et testée au long de deux ans d'entraînement. C'est à la suite d'un penalty raté que, piqué sans doute, le moustachu Antonin Panenka décide d'améliorer sa technique de frappe avec la collaboration de son ami, le gardien des Bohemians, Zdeněk Hruška. Au fil des sessions, Panenka observe le gardien partir à droite ou à gauche. Il travaille par ailleurs à masquer son langage corporel, qui pourrait le trahir au moment de tirer. Il gère alors la vitesse, la longueur de la course d'élan, le placement du pied, le coup d'œil… Panenka cherche. Comme il le raconte dans un entretien à Ben Lyttleton, l'auteur de *Onze mètres, la solitude du tireur de penalty*[1] : « Une nuit que je ne dormais pas, j'ai pensé à ceci : je savais que les gardiens choisissaient généralement un côté, mais si vous tapiez trop fort, ils pouvaient quand même l'arrêter [le ballon] du pied. En revanche, si le contact avec le pied était plus léger, il leur serait impossible de faire demi-tour pour repousser le ballon. » Cette réflexion non plus sur la trajectoire du ballon, mais sur sa vitesse, ouvre ainsi un nouvel espace au tireur de penalty. À ce tir jusqu'alors binaire – à droite ou à gauche –, l'attaquant ajoute ainsi le tir au centre, et ce faisant une troisième possibi-

1. Traduction Cédric Rouquette, Hugo Sport, 2015.

lité. Partant de cette intuition soufflée par une nuit d'insomnie, Panenka ne cherche plus à améliorer un geste, mais, dans une véritable dynamique de disruption, à en inventer un tout nouveau.

Au-delà d'une sanction, le penalty est l'essence du foot, mais réduit à son épure géométrique. Contraction du terrain à la surface de réparation. Réduction des deux équipes à leurs deux « champions » – comme dans un duel. Le foot, c'est d'abord l'affrontement. Simplification à l'extrême du jeu : un tir. Le foot est ici binaire. Marquer ou pas. Tuer ou être tué. Après tout, « tirer » c'est tuer ! Dans ce moment dépouillé et paroxystique de la compétition, l'esthétique du beau jeu est oubliée, ne vaut que la logique brute du geste efficace. Tirer au plus fort, au plus loin du gardien. Ce geste suppose une bonne dose de courage. Il suffit, pour s'en convaincre, d'observer les joueurs avant la séance de tirs au but qui départage deux équipes arrivées à un score nul au terme du temps réglementaire. Beaucoup refusent. Car transformer un penalty relève d'un héroïsme sans gloire, ou presque. Le spectateur attend, en effet, non que le joueur marque, mais qu'il n'échoue pas. Marquer est une formalité. Échouer, une indignité. La progression du tireur vers le point de penalty depuis le rond central, où les cinq élus ont patienté, ressemble à une marche à l'échafaud. Les psychologues experts considèrent, de fait, cette phase de tirs au but comme l'une des plus stressantes, car le joueur, comme un gladiateur pas encore engagé dans l'action, chemine en ruminant sous le regard de dizaines de milliers de spectateurs. La toute première séance de tirs au but en Coupe du monde eut lieu le 8 juillet 1982 en Espagne. C'est la demi-finale France-RFA. Match demeuré légendaire dans l'inconscient national – au point d'inspirer le chorégraphe Pierre Rigal qui, en 2006, créa *Arrêts de jeu*, une pièce à quatre danseurs, souvenir d'enfance de la retransmission télévisée de cette rencontre traumatique. Tout le monde se souvient de l'extrême violence avec laquelle le gardien allemand Harald Schumacher avait stoppé Patrick Battiston, trauma entraînant le coma de l'attaquant français. Au terme des prolongations, égalité : 3-3. Alain Giresse, qui tourne le dos au gardien pour éviter son regard, frappe le premier et marque. La pression est maximale quand arrive le tour de Didier Six. Le tireur allemand Uli Stielike vient de rater son tir. Le Français peut donc donner l'avantage. Quelques minutes auparavant, il a pourtant dit à l'entraîneur Michel Hidalgo que, blessé au mollet, il ne peut pas tirer. Mais personne n'ose y aller. Schumacher fait peur. Six frappe trop mollement le ballon. Comme il le confie à Ben Lyttleton : « Ah ! ça oui, j'en ai souffert et ça m'aura énervé toute ma vie. J'ai cinquante-neuf ans, mais je reste le gars qui a manqué un penalty. » Le tir direct au but révèle une face du football, celle où il se confond avec un sport individuel. Tout l'enjeu repose sur les épaules d'un seul homme qui doit apprendre à composer avec la pression de la haute compétition. Le jeu renoue alors avec l'éthique aristocratique des origines anglaises du football, celle qui valorise les prouesses individuelles et favorise le *dribbling game*. Tout l'opposé du *passing game*, propre à l'autre réalité du football comme jeu collectif qui se développe dans les années 1860-1880, avec la création des premiers clubs ouvriers anglais, conçus comme le prolongement de solidarités d'usine.

Le penalty n'est pas seulement un geste déraisonnable, une lubie individuelle, c'est aussi un rite. Une célébration collective, avec sa dramaturgie singulière. Autour de ce geste, qui s'apparente à une mise à mort, s'organise un véritable cérémonial. L'arbitre en est le prêtre ordonnateur. Il y a eu une faute. Elle doit être réparée. Le penalty (qui signifie « sanction » en anglais) est une punition. Mais le coupable dispose toutefois d'une chance, minime, d'échapper au châtiment. Le penalty est « ordalie », jugement de Dieu sous forme d'épreuve comme il y en avait au Moyen Âge. C'est le spectacle de la justice divine. Le temps s'arrête. Le stade se transforme en sanctuaire sacrificiel. Il faut beaucoup, beaucoup de chance à un gardien pour arrêter le tir d'un attaquant placé à seulement onze mètres. Le ballon file à grande vitesse. Le goal doit protéger les 7,32 mètres de largeur sur 2,44 mètres de hauteur de sa cage. Guère le temps de réfléchir. Il doit faire un pari. Plonger à droite ou à gauche, en faisant de tout son corps un obstacle.

C'est peut-être dans le football que se trouvent le plus de gestes « magico-religieux »[1] comme le penalty. La panenka de Zidane, qui tape la barre et finit par entrer avant de ressortir, n'est-elle pas un avertissement lancé par un dieu du foot, fâché de l'arrogance d'un joueur qu'on prenait pour un dieu ? Il y a une part de chance. Il y a d'autres gestes, tout aussi magico-religieux, mais qui s'improvisent dans l'action, sans formalité, sans cérémonial. Ils supposent à l'évidence la participation des puissances invisibles, de ce que Roger Caillois, dans sa nomenclature des jeux[2], appelait *alea* – c'est-à-dire le « hasard ». Comment expliquer autrement le retourné extravagant – « extra-terrestre », diront même certains commentateurs – d'Ibrahimović, le 13 novembre 2013, contre l'Angleterre ? À trente mètres de la cage du gardien Joe Hart, le voilà qui marque, sans regarder, d'un acrobatique

1. Voir p. 29, chapitre « Tennis ».
2. Roger Caillois, *Les Jeux et les hommes*, Gallimard, 1958.

retourné de légende qui lui vaudra le prix Puskas de la FIFA du plus beau but de l'année. Il y a enfin ces gestes, hors jeu, qui témoignent que le terrain de foot est travaillé en profondeur par les esprits, injectant dans la rationalité de ce sport une part de croyances et de superstitions. Pensons aux joueurs qui se signent, qui passent les mains sur leur visage, ou ceux qui mettent au point des rituels particuliers, comme le baiser de Laurent Blanc sur le crâne de Barthez avant chaque match de la Coupe du monde 98. Le désenchantement du monde a épargné, semble-t-il, quelques lieux de la société moderne, et notamment les stades, petits trous dans le tissu social profane.

Pourtant le penalty n'est rien moins que rationnel. Longtemps considéré comme un geste brut, fruit de la seule inspiration du joueur au moment du tir, il n'est pas miraculeux. Malgré son caractère exceptionnel, son apparente simplicité et la pression qui s'exerce pendant le match réel, le tir au but peut être travaillé à l'entraînement. Ben Lyttleton, toujours dans *Onze mètres, la solitude du tireur de penalty*, raconte comment est née l'idée de consacrer un entraîneur spécifique au penalty. Les grands clubs ont pris conscience, notamment en Angleterre, de l'extraordinaire délicatesse du geste. Pour en améliorer le rendement, certains sont allés chercher dans d'autres jeux de balle dotés de tirs au but – lancer franc au basket-ball, penalty au handball, essai au rugby, etc. – les éléments d'une préparation parfaite. Le penalty est perfectible. Ainsi a-t-on mis à profit l'expérience d'un gardien de handball, comme Thierry Omeyer de l'équipe de France, mais aussi celle du rugbyman Jonny Wilkinson, le buteur mythique du XV de la Rose, avec sa « routine » parfaitement huilée : compter ses pas et reculer de quelques mètres en traînant des pieds, joindre ses mains devant lui dans une sorte de prière laïque, et ne jamais quitter les poteaux des yeux. D'autres sports aussi ont été mis à contribution. Les attaquants, dans certains clubs, ont été ainsi invités à pratiquer le tir à l'arc – pour améliorer leur capacité à se concentrer. Il n'y a pas jusqu'aux jeux de fléchettes qui n'aient été mobilisés pour tenter de percer le mystère d'un tir réussi.

Le geste s'apprivoise ainsi. Mettre en place des routines, décider de quel côté de la cage tirer avant d'aller au point de penalty, s'abstraire du contexte, s'habituer à agir sous pression, contrôler son langage corporel… Autant de méthodes qui permettent au joueur, au moment décisif, d'être en situation de frapper correctement le ballon. Au bout du processus, donc, le coup de pied. Le football est un jeu curieux. Le joueur, sauf le gardien, y décide de renoncer à la main. Dix joueurs donc, comme les dix doigts de la main, mais qui jouent tous du pied. Le football a été qualifié dans les premières années de jeu de « manchots ». La main est plus proche de la tête. La délicatesse du travail manuel l'emporte sur la grossièreté des capacités du pied. Qui ne sert qu'à porter (course), percuter (combat) ou jouer (ballon). Si le pied n'a pas de dignité, c'est peut-être parce qu'il est trop près du sol… Les mots qui le désignent ne servent pas sa gloire. *Arpion*, *panard*, *pinceaux*, *nougat*, *ripaton*, *sabot*, *peton*, ce long cortège de noms trahit la piètre estime que nous avons de lui. Et pourtant tout le football, comme son nom l'indique, tient sur le pied. Et, au premier chef, sur le coup de pied. Le football des rues commence par ces heures où l'enfant tire, tout seul, contre un mur. Il fait son pied, éprouve progressivement toutes les sensations propres à frapper avec le plat du pied, avec l'extérieur, à ouvrir son pied, à faire un pointu. C'est d'ailleurs la magie de ce sport que de voir l'homme y conquérir une habileté d'un membre réputé sans qualité. Il est significatif d'observer que cette utilisation immodérée du pied se produit au moment même où, en 1859, Darwin publie son livre révolutionnaire sur l'évolution, *L'Origine des espèces*, comme si, avec le football, s'esquissait une nouvelle conquête des habiletés humaines. Après tout, l'anatomie enseigne l'extraordinaire sophistication du membre : vingt-six os, cent sept ligaments, dix-neuf muscles. Le pied est un formidable outil, dont se sont emparés les plus grands champions. Une partie du génie de l'Argentin Leo Messi, comme le montre le beau documentaire[1] d'Alex de la Iglesia

1. *Messi*, réalisé en 2014.

qui lui est consacré, tient à sa remarquable aptitude à avancer avec ballon au pied, toujours et partout. Dès son plus jeune âge. Les films d'amateurs le montrent à six ans en train de traverser le terrain, petit feu follet, face à des adversaires plus âgés et plus grands, et ce sans s'arrêter, balle comme retenue dans sa course par un élastique invisible. Que dire aussi du danseur Zidane, qu'il faut contempler dans l'impressionnante œuvre vidéo des artistes Douglas Gordon et Philippe Parreno, *Zidane, un portrait du XXI*e *siècle* (2006) ? Zidane y caresse, enroule, couve la balle, qu'il fait circuler dans ses célèbres « roulettes » au fur et à mesure de son avancée, en exécutant autour de la sphère une chorégraphie de derviche, désaxant et désorientant les défenseurs qui s'approchent. Le pied est la mesure de la virtuosité, de l'*aretè,* comme disent les philosophes grecs. Ainsi le football réunit-il dans un même sport les trois caractéristiques des jeux, toujours selon le philosophe-poète Roger Caillois : l'affrontement (*agôn*), le hasard (*alea*), et l'habilité (*aretè*).

Pour continuer sur la rationalité du geste, il faut rappeler que le penalty est une loi, numéro 14, édictée par l'International Football Association Board (IFAB), sanctionnant tout joueur qui commet une faute – allant de la charge au tacle ou au coup de pied agressif – effectuée « d'une manière imprudente, inconsidérée ou violente » et justifiant, au-delà du penalty, une sanction individuelle, carton jaune ou rouge. Le penalty est ainsi comme le carbone 14 du foot. En lui se loge le souvenir de la brutalité première des compétitions à la fin du XIXe siècle. Le sport est peut-être l'apprentissage de « la violence maîtrisée », pour reprendre les mots du sociologue Norbert Elias, mais, sur le terrain, les comportements abrupts n'ont pas disparu pour autant. Il faut dire que les formes anciennes du football (né au Moyen Âge et organisé au XVIe siècle) – la *soule* en France médiévale, le *calcio* dans la Florence de la Renaissance – sont si belliqueuses qu'il n'est pas rare de compter des morts. Les rencontres tiennent alors davantage de la guerre – entre quartiers, villages ou corporations – que du jeu. Il en reste ainsi quelque chose au

XIXe siècle. L'Angleterre victorienne, qui invente le sport comme activité de loisir en même temps que le travail industriel, a commencé à encadrer le football dans les très aristocratiques *public schools*. Au milieu du siècle, elle en a fixé les limites – nombre de participants, durée du match, surface du terrain. Reste que, à l'abord des buts, la compétition se déchaîne. C'en est trop. En 1890, à Milford, en Irlande du Nord, le gardien du Milford FC, William McCrum, fils de l'inventeur de la bouilloire électrique, propose de sanctionner la trop grande dangerosité des défenseurs, d'un *penalty kick*, coup de pied arrêté au but. Cette innovation remplace le coup franc direct qui pénalisait auparavant la faute. Le tireur avait en effet bien du mal à marquer face à la masse des joueurs revenus se placer devant les cages. Juin 1891, la loi est votée, malgré l'opposition de nombreux clubs et joueurs, et en septembre de la même année le premier penalty est tiré et transformé par un certain John Heath, dans le match Wolverhampton-Accrington Stanley. La raison – dans sa forme abstraite, géométrique, binaire – entre ainsi avec force sur le terrain. La violence sort des 16,50 mètres de la surface de « réparation ».

Pour les experts du penalty, la cause est entendue. Le geste est pour quatre-vingt-dix pour cent psychologique, pour dix pour cent technique. La raison, non celle qui s'oppose à la folie, mais celle qui compense l'incertitude par le calcul, les probabilités, la théorie des jeux, prend alors le relais. Pour faire reculer l'incertitude, de savantes études sont conduites dans les universités sur « la psychologie appliquée aux penaltys ». L'historique d'une équipe, par exemple, et sa difficulté à remporter un match aux tirs au but affectent les équilibres. Le poids des échecs antérieurs à la séance de tirs au but a longtemps ainsi handicapé l'équipe d'Angleterre. La fameuse conduite d'échecs. À l'inverse, dans le cas de la Zambie, l'histoire a joué un rôle dans la victoire contre la Côte d'Ivoire, lors de la finale de la Coupe d'Afrique des nations 2012 : les tireurs, investis d'une mission quasi mystique, ont chanté sans discontinuer le Chipolopolo, devenu leur hymne national après le crash tragique de l'avion qui transportait l'équipe de Zambie en

1993 et qui ne laissa aucun survivant. La victoire avait alors un goût de résurrection et constituait une revanche sur la mort. Tout compte, donc. Les bases de données s'étoffent ainsi de milliers de fiches documentant les penaltys. Les joueurs sont épluchés. Leur pourcentage de tirs sur leur côté naturel, sur l'autre celui de leurs réussites. Quand vient ainsi, au terme des prolongations de rencontres internationales, la séance de tirs au but – une série de cinq penaltys tirés en alternance –, chacun, informé de ces données, connaît mieux ainsi son vis-à-vis, et sera capable d'en anticiper les mouvements. Mais le combat n'est pas égal. Si le tireur manque son tir, il n'a pas fait ce qu'il aurait dû. Il devient un paria. En revanche, si le gardien échoue à stopper un tir, il a fait ce qu'il a pu. S'il l'arrête, il devient un héros. La peur de rater, le fameux *fear factor*, d'un côté ; la possibilité de triompher de l'autre. Là encore, tout est scruté, calculé, évalué. Alors, dans ce contexte d'une pression hors norme, toutes les stratégies sont bonnes, du côté du gardien comme de l'attaquant, pour briser la concentration de l'adversaire. Ou pour éviter la pression, comme justement cette propension à tourner le dos au gardien. C'est un bras de fer mental qui s'engage entre les deux joueurs. Le tireur traîne à installer le ballon au point de penalty. Le gardien s'agite, grommelle, avance vers le tireur, l'insulte même. Il faut soumettre psychologiquement l'adversaire. Tout est mis en œuvre pour perturber la concentration, la « routine » de l'un ou l'autre joueur. Dans ce contexte, une panenka réussie, comme une gifle humiliante, peut déstabiliser en profondeur une équipe, corps collectif psychique.

Le geste à haute intensité qu'est le penalty correspond, dans un match, au moment asphyxiant de la plus haute contrainte. Cadenassé par le contexte, l'enjeu et le règlement, le footballeur n'y jouit de presque aucune liberté. Il est sous surveillance. Aussi le tir au but est-il tout le contraire du « tir », qui, dans son essence, est décharge d'énergie, exercice jubilatoire de l'explosivité du pied. Pour moi, c'est le cinéaste italien Nanni Moretti qui incarne le mieux cette forme de jouissance libertaire qui consiste à envoyer balader la balle au plus loin. Moretti est un fan des jeux de ballon. Pas un de ses films qui ne renvoie à cette passion pour le jeu collectif. Dans toutes ses œuvres, le réalisateur a ainsi logé des scènes sportives – water-polo pour *Palombella rossa* (1989) ; volley-ball pour *Habemus papam* (2011) dans lequel, on s'en souvient, Moretti, psychanalyste du pape, organisait au Vatican un tournoi entre les cardinaux de la curie (!) ; et, naturellement, football, qui tient une place privilégiée dans sa filmographie avec *Bianca* (1983), *La messe est finie* (1985), jusqu'au dernier opus, *Vers un avenir radieux* (2023), où le vieux réalisateur jongle avec la balle, seul, dans un décor de cité communiste des années 1950. Il y a, à cet égard, une scène du film *Journal intime* (1993) qui m'a toujours beaucoup ému. À la fin du deuxième épisode du film, le personnage principal, perdu dans les îles Éoliennes, échoue sur celle de Salina, par un jour sans soleil, au bord de l'eau. Ce voyage en Italie d'un Ulysse sans royaume n'a fait qu'ajouter au désespoir politique, familial, personnel – le personnage joué par Moretti est malade. Et là, au bout de son errance, il aperçoit un terrain de foot avec des buts sans filet, une pelouse chauve sans herbe, vague aire de jeux de terre brune, sombre comme son humeur. Son personnage en costume de velours hors d'âge y fait quelques pas. Il ramasse un ballon abandonné. Le voilà qui commence à taper dedans, d'abord modestement, puis à shooter vigoureusement en l'air. La sphère de cuir s'élève haut dans le ciel, déclenchant un mouvement de zoom arrière, comme si elle portait alors l'aspiration du héros à fuir la pesanteur terrestre, lieu, aux yeux du cinéaste pessimiste, de ce pèlerinage morne et sans issue qu'est l'existence.

3

Boxe

Le K.-O., indigeste

Quinze mille spectateurs trépignent, ce 15 avril 1985, dans l'arène du Caesars Palace à Las Vegas. Les deux rivaux se font face, yeux dans les yeux. « The Hitman », Thomas Hearns, short jaune, contre « Marvelous », Marvin Hagler, culotte bleue. L'arbitre hurle les recommandations d'usage au milieu d'un vacarme assourdissant. Absorbés dans leur bulle, ils ne les entendent pas. Comment le pourraient-ils ? Leurs deux corps, affûtés à l'extrême par des mois d'entraînement, étincellent comme des lames de couteau sous les projecteurs. Le ring, « l'anneau », va célébrer leurs épousailles fracassantes. Ici, dans ce petit carré blanc lumineux, il n'y a pas assez de place pour deux champions. Les corps cuirassés, musculature massive, peau rutilante, se ruent l'un sur l'autre à l'appel de la cloche. Le premier round est une tempête qui lâche ses coups de tonnerre et ses éclairs. Les gants rouges, comme des pilons, martèlent la chair avec des sons mats. Les coups pleuvent. Lourds. Appuyés. Avec la volonté de faire mal. Ça cogne, ça dérouille, ça tambourine. Aucun des deux ne veut céder. Hearns, le challenger, plus grand de près de dix centimètres, a une allonge plus longue. Hagler, le tenant du titre, est un roc qui encaisse et s'arc-boute. Les poings s'abattent sur son visage. Hearns lui fait éclater le front. Le sang gicle. Vision éprouvante que celle de cette face qu'on dirait fendue par une hache. Là où il y avait un nez, une bouche, des yeux, il n'y a plus rien qu'une cascade de sang. Le deuxième round marque le pas. Le troisième round reprend avec la même furie qu'au premier. Après une minute, l'arbitre stoppe le combat. « Est-ce que Hagler peut encore boxer avec cette blessure ? » demande-t-il au médecin du ring. « Oui, tant qu'il n'est pas aveuglé par le sang », lui répond-on. Les points de suture ne tiendront pas longtemps. Alors Hagler multiplie ses charges véhémentes. Il cueille Hearns d'une gauche baraquée, enchaîne une droite qui le fait pivoter et trébucher en arrière. Il le poursuit et décoche deux méchantes droites, plus costaudes. Hearns s'effondre, K.-O. Il gît sur le dos sans bouger. L'arbitre compte. Hearns se remet sur ses pieds, tandis qu'on entend « neuf ». Il ne sait plus où il est. Yeux hagards, jambes tremblantes. L'arbitre se précipite, l'enserre de ses bras pour l'empêcher de s'écrouler encore. C'est fini… Tandis que Hagler, bras en V, triomphe, Hearns n'est plus qu'un corps flasque, soulevé par un garde du corps comme une pietà. Un jour, ce sera au tour de Hagler de sentir son corps glisser sous lui. Il ne sait pas la sagesse des triomphes antiques : le général victorieux défilant dans les rues de Rome n'était-il pas flanqué d'un esclave dont l'unique soin était de lui chuchoter à l'oreille qu'il n'était qu'un mortel, et pas un dieu ?

La boxe, du mot anglais *box* (coup), comporte un répertoire de gestes bien identifiés.

Jab, direct, uppercut, crochet, cross, garde… À partir d'un nombre, somme toute, limité de gestes, la boxe (anglaise) organise un véritable répertoire des coups. Ce que l'histoire a qualifié de « science douce des coups », expression bien trouvée de l'écrivain Pierce Egan, en 1810, qui signale ainsi la combinaison paradoxale de technicité et de brutalité de la discipline. Mais un geste vaut rarement par lui-même. C'est l'enchaînement de plusieurs coups qui permet de surprendre un adversaire. Dans la boxe, plus que *le* geste, il faut parler de « coups », et c'est *la* geste du boxeur qui vaut, sa manière de les décliner, de les agencer dans un flux, de les organiser dans une stratégie. Aussi est-il plus délicat de vouloir en isoler un qui serait plus significatif. Sinon peut-être le jab, le direct du bras avant, le premier que l'on apprend, b.a.-ba de la boxe. Simple, universel, riche, il sert autant à marquer la distance, à repousser, qu'à frapper en attaque. Dans le jab, tous les boxeurs se reconnaissent. Chacun le sien. Pour beaucoup, c'est le début d'une phrase musicale, l'entame d'un enchaînement, qu'ils « notent » comme on écrirait, sur une partition, un rythme de batterie. Jab, crochet, uppercut. Un, deux, trois. Ou jab, crochet, crochet. Un, deux, deux, etc. Chacun son tempo. Un combat de boxe, à cet égard, a des allures de « standard » que deux solistes, rompus à l'improvisation, rejouent à l'infini. *Blue train* de Coltrane contre *Moanin'* de Mingus. Il y a de sacrés solos parfois. Est-ce la raison pour laquelle on compte chez les jazzmen tant de passionnés de boxe ? Ou bien les milieux de la boxe et du jazz, majoritairement noirs, sont-ils si mêlés qu'ils ont nourri une fascination réciproque ? Archie Moore, champion du monde mi-lourd (défait par Rocky Marciano), allait, dit-on, après ses combats, jouer de la basse avec son ami contrebassiste Oscar Pettiford. Le grand Miles Davis, qui enfilait régulièrement les gants au Glyson's Gym à Brooklyn, avait une vénération pour Sugar Ray Robinson (qui, dans les années 1950, fut à l'initiative de l'ouverture d'un club de jazz à Paris, le Ringside). Miles compose en 1970 un *Tribute to Jack Johnson* pour accompagner les images d'un documentaire sur ce grand boxeur, premier champion du monde poids lourds noir dans les années 1910. Comme il l'écrit dans son autobiographie, il trouve dans les gestes des combattants matière à rythmes. « J'avais ces mouvements de boxeur en tête, ce glissement des pieds si caractéristique. Presque comme des pas de danse ou le bruit d'un train. En fait, ça me donnait l'impression d'être dans un train lancé à cent trente kilomètres à l'heure, avec ce rythme qu'on entend se répéter à cause de la vitesse des roues qui touchent le métal, le plop-plop, plop-plop, plop-plop des roues passant sur la jointure des rails[1]. » Toutefois, plus que le coup, c'est l'effet du coup, le K.-O. (*knock-out*), toujours spectaculaire, qui paraît porter l'essence de la boxe.

Il faut naturellement le prendre au sérieux pour le risque médical qu'il présente. Un K.-O., préviennent les neurologues, est une commotion cérébrale déclenchant des troubles du sommeil, du comportement, ou des maux de tête et parfois, plus gravement, des pathologies neurologiques connues sous le nom de « démence pugilistique » – celle probablement dont a souffert Mohamed Ali. Mais pour le public, pour les combattants

1. *Miles, l'autobiographie*, Infolio, 2007.

aussi en bonne part, la vérité d'un combat, c'est la victoire par K.-O. Toute autre, acquise aux points, paraît inachevée. Le boxeur n'est pas un comptable. De surcroît, le verdict des juges est relatif, ne serait-ce que parce qu'ils sont plusieurs. Combien de combats avec « victoire aux points » de l'un ou l'autre des deux combattants ont laissé un sentiment amer d'injustice ? S'agissant du K.-O., il faut toutefois faire une distinction entre boxe amateur et professionnelle. Le K.-O. est rare chez les amateurs – les boxeurs sont protégés par le port d'un casque et les combats, limités à trois rounds, le rendent presque impossible. Il survient en effet le plus souvent avec la fatigue et la baisse de vigilance. C'est le nombre de « touches », comme à l'escrime, qui discrimine alors et fait le champion. Les combats sont plus rapides et les coups, plus nombreux, ne cherchent pas à conclure. La physionomie du match en est bouleversée. Les K.-O. sont, en revanche, fréquents et sacralisés chez les professionnels. Ils signent sans contestation possible une victoire, qui appartient dès lors aux boxeurs, et non aux juges. Dans les palmarès que rappellent les Monsieur Loyal du ring en amorce des combats, ce sont les victoires avant la limite, avec leur « K.-O. de rêve », comme le chante Claude Nougaro, qui construisent la gloire du boxeur et son « aura » de terreur. Peut-être la description du K.-O. qu'inflige Hagler à Hearns aura-t-elle suscité un malaise. En moins de huit minutes, le « sans face » a démoli, jusqu'à l'affaissement final, un autre homme dans un accès de sauvagerie que la raison devrait condamner et qui, encadrée dans le ring, autrement appelé le « cercle enchanté », devient un morceau d'humanité. Ici se concentrent sans fard la peur, la douleur, la volonté, l'espoir, le rêve. La vie et la mort. Pour cette raison, la boxe, le « noble art » du marquis de Queensberry, et malgré les règlements qui ont édulcoré, au XIXe siècle, le combat, occupe une place à part dans ce qu'en sociologie on appelle le « système des sports ». Le K.-O., caillou quasi inassimilable, continue d'interroger le statut de la boxe.

Est-ce un sport ? s'interrogeait d'ailleurs l'écrivaine Joyce Carol Oates dans ce petit chef-d'œuvre qu'est son essai *De la boxe*[1].

1. Traduction Anne Wicke, Stock, 1988.

C'est une question récurrente. Au regard de ce K.-O. Hearns-Hagler, où la boxe fut aussi à son meilleur niveau, peut-on considérer celle-ci comme un sport ? Question épineuse qui engage des considérations de philosophie morale. Jusqu'à quel point la violence est-elle tolérable dans une discipline sportive ? Comme, en 1951, les treize rounds de ce combat effroyable (qui a inspiré au réalisateur américain Martin Scorsese un poignant *Raging Bull*, avec De Niro, en 1980), qualifié par la presse de « massacre de la Saint-Valentin », où Sugar Ray Robinson démolit un Jake LaMotta, tête sanglante sur un corps cassé, qui, K.-O. debout de longues minutes, refuse obstinément de tomber. Les législateurs du jeu, les arbitres, les médecins, les coachs ne cessent d'en débattre, surtout après des drames. Si c'est un sport, il n'est assurément pas comme les autres. D'autres disciplines sportives comme le football, l'athlétisme, le rugby, etc., comportent de la violence mais composent avec elle, la détournent dans des formes acceptables. C'est ce que l'on a appelé, à la suite du sociologue Norbert Elias, « l'euphémisation de la violence »

– qui passe par l'établissement de règles (contrôle externe), par la maîtrise des émotions comme l'agressivité (contrôle interne), par la gestion d'une dose acceptable d'excitation (contrôle d'une activité « décontrôlée »)… Le K.-O. est ainsi le point aveugle où tous les sports semblent prendre origine. Ici, le sport est rendu à son essence, à son os : vaincre ou être vaincu. À partir de cette matrice, les autres sports imagineront des configurations où les corps ne sont plus, comme dans la boxe, la matière de l'affrontement, mais l'instrument indirect de la confrontation. Vaincre ne sera pas « battre » le corps de l'autre, mais le surpasser dans l'habileté, la performance permise par des corps entraînés.

Dans cette lutte à mort de deux corps quasi nus, figures hyperboliques de l'humanité, est donc inscrit le code premier, cru, voire cruel, de la compétition. Le sport, comme on l'a vu avec le football, est *agôn*, combat darwinien entre deux athlètes qui se mesurent et déploient des efforts extraordinaires pour *éliminer* l'autre et accéder au sommet de la pyramide des distinctions – champion du monde ! En Angleterre, patrie de la boxe, les premiers combats sont extrêmes. Pour s'en faire une idée, il suffit de rappeler que John Gully, ancien ouvrier de la mine, emprisonné à vingt et un ans pour dettes, parvint à terrasser le 8 octobre 1805 son challenger et ami Henry Pearce (qui avait proposé de payer la caution qui le rendrait libre s'il acceptait un combat) au bout de soixante-quatre rounds ! Il est significatif de penser que la boxe, inventée à la fin du XVIIe siècle, et où ne subsistent que les plus forts, gagne les suffrages du public britannique tout au long du XIXe siècle. L'Angleterre victorienne, figure de proue de la révolution industrielle, acclimate, au même moment, l'idée libérale d'une compétition commerciale féroce, ne laissant subsister que les meilleurs. Faut-il voir, dans cette violence acceptée de l'échange, un paradigme du premier libéralisme britannique qui brutalise non seulement l'économie – il s'agit bien de mettre K.-O. les concurrents –, mais aussi une partie du monde à travers une politique coloniale, imposant une sorte de « chrétienté musculaire » dans des sociétés lointaines ? La mondialisation du modèle de la boxe britannique télescope d'autres traditions pugilistiques – en Afrique notamment, comme celle décrite dans le beau roman de Chinua Achebe, *Tout s'effondre*[1]. La diffusion mondiale de la boxe anglaise nourrit un enjeu racial et civilisationnel, que les États-Unis traduiront sous la forme de la rivalité Noir-Blanc.

Comme on le voit, la boxe n'a pas rendu l'affrontement métaphorique. Loin de là. La violence qu'il faut déployer pour « battre » (au sens propre) le vis-à-vis demeure entière. Elle culmine, bloc archaïque qui émerge, encadré par le carré de cordes, dans le K.-O. – mise à mort à peine symbolique. La boxe charrie en effet ses morts. Qu'on se souvienne du tristement célèbre match du 24 mars 1962, au Madison Square Garden à New York, qui opposa Emile Griffith au Cubain Benny « Kid » Paret pour le titre de champion du monde des poids welters[2]. Au matin de la rencontre, lors de la tra-

1. Actes Sud, coll. « Babel », 2016.
2. L'athlète pèse entre 63,503 et 66,678 kilogrammes.

ditionnelle pesée, Paret traite Griffith de « pédale ». L'invective homophobe, lancée en espagnol, rend Griffith littéralement fou. L'homosexualité, au tout début des années 1960, est encore taboue. Surtout dans la boxe, sport éminemment machiste. Griffith ne fera son *coming out* que bien plus tard, bien après qu'il aura mis un terme à sa carrière. Au douzième round, Griffith accule Paret dans les cordes. Crochets plongeants, uppercuts remontants, il assène ses coups dans une terrible punition qui met son adversaire K.-O. debout. L'arbitre, paralysé, ne stoppe pas l'ouragan. La colère de Griffith ressemble à celle d'Achille, qui, emporté par la pulsion de mort, ne se contente pas de tuer Hector – le meurtrier de son ami Patrocle –, mais le traîne derrière son char sous les remparts de Troie, lui refusant une sépulture. Il va trop loin. Le ralenti de la séquence fait apparaître que Griffith, dans sa fureur, a pu enchaîner vingt-neuf coups à la tête, sans réponse de son challenger. Paret s'écroule. Dans un coma fatal : il meurt dix jours plus tard. La vie de Griffith bascule. Hanté par cette mort, il confiera plus tard à des journalistes qu'il voit Paret partout, dans les miroirs, dans les vitrines ou, furtivement, dans la rue. Cette tragédie n'est pas, loin de là, la seule. Mais c'est un séisme dans le monde de la boxe. Certaines chaînes de télévision vont alors revoir leur politique de retransmission de ces matchs. À quoi correspond ce goût de sang et de mort que porte le K.-O. ?

Certains ont établi un parallèle entre la boxe dans le monde anglo-saxon et la corrida dans le monde hispanique. Dans ces deux univers, où l'on commente les beaux gestes – uppercut ou « demi-véronique » –, il y a une « mise à mort ». Pour défendre la corrida, les aficionados soulignent sa dimension rituelle : il s'agit d'un spectacle très ancien qui reproduit et commémore les gestes mythiques de la chasse des premiers hommes. Et la boxe ? Considérons un instant le ring comme un temple, le match comme un rite, le K.-O. comme un sacrifice susceptible de faire de la boxe un spectacle sacré – ce qui est le cas dans la boxe thaïe et dans bien des sociétés où la discipline pugilistique a une dimension métaphysique. Le match commémorerait alors la représentation de la rencontre avec autrui. Une célébration de ce qui se produisait dans les premiers temps de l'humanité, à l'époque où l'Europe, par exemple, ne comptait que cent mille individus à peine. Tomber sur un autre humain était exceptionnel. La boxe, dans son dispositif rudimentaire – deux corps nus sous la lumière –, ravive et amplifie les émotions de ces premiers contacts. Et dans cette rencontre, elle donne une place de choix à une séquence lourde de tension : le moment, juste avant le premier round, où les deux compétiteurs se font face. Front contre front, ils se regardent au fond des yeux. Ils se dévisagent avant, probablement, de se défigurer. Ce face-à-face est littéralement une lutte visage contre visage. Dans toute rencontre, la première partie du corps qui s'offre à l'autre, c'est le visage – étymologiquement, « ce qui est vu ». Visage nu, vulnérable, glabre, à la différence des animaux. Ne portant non plus aucune étoffe, à la différence du reste du corps. Nu dans une nudité décente. Pour le philosophe Emmanuel Levinas, qui a fondé toute sa pensée sur la question du rapport à autrui, le visage, qui se découvre ainsi sans protection, est le visage de l'humanité. « La relation au visage est d'emblée éthique. Le visage est ce qu'on ne peut tuer, ou du moins dont le sens consiste à dire : "Tu ne tueras point." », écrit-il dans *Éthique et infini*[1]. Le visage est tout à la fois appel à la « non-violence » et rappel de la violence qui hante toute rencontre. Chaque boxeur éprouve probablement – consciemment ou pas – ce double sentiment. Appel à tuer et peur d'être tué au moment même de monter sur le ring. Le prince des K.-O., Mike Tyson, confessait lui-même il y a quelques années : « J'ai tellement peur que je suis violent. Je ne peux contrôler ma violence parce que j'ai peur. » Le combat de boxe se construit sur cet arrachement à la peur et sur la transgression du commandement humaniste. Aussi ne faut-il pas seulement du courage, mais de la rage pour boxer. « Ne monte pas sur le ring si tu n'es pas en colère ! » Alors le boxeur fait un effort

1. Fayard, coll. « L'Espace intérieur », 1982. Dialogue avec Philippe Nemo.

sur lui-même pour refouler ce que lui dit le visage de l'adversaire et pour devenir « méchant ».

Vouloir tuer, déclencher des K.-O. définitifs. *Méchanceté*. C'est un mot qui revient souvent dans la boxe. Il y a des boxeurs « méchants », qu'il vaut mieux ne pas rencontrer – sous peine du pire. C'est même un lieu commun, sublimé dans une de ses fameuses harangues par le boxeur-orateur-provocateur Mohamed Ali au moment de la rencontre avec George Foreman, en 1974. « Je suis méchant. J'ai coupé des arbres, j'ai lutté avec un alligator, j'ai combattu une baleine, j'ai passé les menottes à un éclair et emprisonné la foudre ; la semaine dernière encore, j'ai tué un rocher, blessé une pierre, fait hospitaliser une brique. Je suis si méchant que je rends la médecine malade… » Mais qu'est-ce qu'un boxeur méchant ? Quelqu'un qui le proclame, comme Ali, en faisant de cette gesticulation verbale une stratégie d'intimidation ? C'est surtout un type qui ne se contente pas de faire mal, mais qui *veut* faire mal. Qui entend transformer le match en une épreuve, dans laquelle il sera hermétique à tout sentiment de pitié. Tout le contraire de Marcel Cerdan. Le « bombardier marocain », comme on l'avait baptisé en Europe, au punch dévastateur, détestait qu'on ait pu le traiter, en Amérique, d'« assassin des rings ». Loin de le flatter, l'épithète lui faisait honte. Cerdan n'avait rien d'un méchant. Peut-être était-ce même l'un des seuls boxeurs à éprouver la peur, non pas d'être tué, mais de tuer. Comme le raconte Alexis Philonenko dans sa belle *Histoire de la boxe*[1], surprenante publication pour un philosophe spécialiste de Kant (et qui pratiqua longtemps ce sport), Cerdan était un « gentil », à l'âme d'enfant. Parmi les petits rituels qui trahissaient ce cœur simple : il portait sous sa culotte de boxeur celle que lui avait confectionnée sa mère pour ses premiers combats ! Un épisode tragique témoigne de cette capacité à l'empathie, très rare dans le milieu de la boxe. Le 26 avril 1942, le voilà opposé à Gustave Humery, le combattant du Nord, un vrai méchant. La cloche sonne le début

1. Critérion, 1991.

du combat. Humery fond sur Cerdan, qui esquive et place un foudroyant crochet du droit. Dix-huit secondes de combat. Humery est K.-O. Plus grave, ce K.-O. se solde en coma. Qui va durer trente-six heures. Une éternité pour un Cerdan terrassé par la culpabilité, effondré dans un accès de désespoir à l'idée que ses poings aient pu donner la mort. Il ne vit plus durant ces heures et se rend régulièrement à l'hôpital Boucicaut, à Paris, où est soignée sa victime. À la nouvelle du réveil d'Humery, Cerdan ira, en remerciement, allumer des cierges pour la Vierge !

Alors comment justifier le K.-O., phase « barbare », du spectacle qu'offre la boxe ? Nos sociétés sophistiquées, d'où la violence a été exclue, nécessiteraient-elles, pour leur équilibre, d'entretenir ce reste de violence inassimilable, cette « part maudite » ? Car elle demeure et traverse le temps, depuis le pugilat, boxe antique, jusqu'à la boxe moderne, « adoucie » par l'obligation du port des gants, l'institutionnalisation de rounds et par toute une série de règlements. La boxe, comme d'autres spectacles aujourd'hui, s'apparente à un rituel de dérivation de cette pulsion. Le K.-O. est le triomphe de cette part de violence inexpugnable – au sens étymologique du mot : « que les poings ne peuvent pas vaincre ». Quelle que soit la cruauté du spectacle, ni la boxe ni rien ne mettra jamais un terme à cet obscur désir de tuer l'autre qui habite la psyché humaine. Les psychanalystes l'ont rapporté à la violence de la horde primitive. Les philosophes, à celle de la dialectique du maître et de l'esclave. Quoi qu'il en soit, il surgit dans la rue ou sur le ring, passe dans les gradins, au milieu de la foule. Il est curieux d'observer dans ces moments-là la manière dont le spectacle d'un homme qui chancelle enflamme le public, possédé par une même mania de la cogne… C'est encore la nuit quand, vers 4 heures du matin, en 1974, au stade du 25-Mai à Kinshasa, quatre-vingt mille spectateurs s'époumonent : « *Ali Boumayé ! Ali Boumayé !* » (« Ali, tue-le ! Ali, tue-le ! ») Ces cris, vociférations frustes, sont de tous les combats. Du cercle formé autour de deux adolescents qui se bagarrent sur le trottoir, excités par leurs bandes respectives, au ring où s'affrontent deux boxeurs, un même appétit de sang. Le sport est tout le contraire du théâtre tragique dont Aristote soulignait l'utilité. Le public n'est pas venu chercher la catharsis, le soulagement d'une pulsion, mais son exacerbation, une « *quest of excitment* » (recherche d'excitation), pour reprendre les mots de Norbert Elias[1]. La boxe n'est décidément pas du théâtre. Le sang qui y est versé est du vrai sang. Les coups portés le sont vraiment, à la différence du catch. Toute société est hantée par la violence de « tous contre tous », qu'elle dénoue le plus souvent dans un « tous contre un » – qu'il soit taureau ou boxeur K.-O.

Après avoir rappelé tous les dangers qui menacent le boxeur K.-O., il n'est pas évident d'y voir du « beau ». Comment faire de l'écroulement d'un corps une catégorie des beaux-arts ? Le peintre Eduardo Arroyo, auteur d'une biographie très sérieuse consacrée au boxeur Panama Al Brown, franchissait toutefois le pas il y

1. Avec Eric Dunning, *Sport et civilisation : la violence maîtrisée*, Fayard, 1994.

a quelques années en expliquant : « Même si cela peut paraître une métaphore quelque peu tirée par les cheveux, le ring est un tableau blanc où tout le drame se passe, sans pitié et sous le feu des projecteurs. » Le « noble art » contient une dimension esthétique qui culmine peut-être, eu égard à l'événement qu'il constitue, non dans les coups qui déclenchent le K.-O., mais dans le K.-O. lui-même. Il a la beauté paradoxale de la défaite. Comme si la boxe, en esthétisant la détresse terminale d'un corps qui se couche, magnifiait les fins. Ce corps, splendide une seconde auparavant, apparemment immortel mais qui vacille à un moment puis finalement s'effondre, nous parle. Cette tristesse d'un boxeur qui voit, comme l'Olympio de Victor Hugo, son âme « en rêvant [descendre] dans [ses] entrailles » nous émeut alors. Il y a une beauté du mal, comme le théorisaient les théologiens médiévaux, et qui peut être dangereuse. Elle nous attire vers l'abîme et nous fait éprouver des séductions à la mort même. Ce que les écrivains, les peintres, les cinéastes retiennent des boxeurs, c'est d'ailleurs souvent cette poétique de la fin, cette

« geste finale » qui sublime leur trajectoire dans un déclin tragique… Comme *Alice au pays des merveilles*, le boxeur, joue au tapis, s'absente du réel et passe de l'autre côté du miroir. Rencontre-t-il le lapin blanc qui court, chronomètre en main, criant qu'il est en retard ? Le K.-O. est œuvre d'art. K.-O. Corridor pour un boxeur « artiste », comme Ushio Shinohara, l'artiste japonais photographié par William Klein dans les années 1960, qui boxait avec rage ses toiles en trempant ses poings gantés dans des seaux d'encre ou de peinture de couleur pour, peut-être, mettre K.-O. le réel…

4

Tir à l'arc

Geste philosophique

Le tir à l'arc est un sport confidentiel. Et ce, malgré l'excellence de nos athlètes nationaux. Rien qu'en 2022, plusieurs titres mondiaux ont été remportés par des champions dont les noms demeurent inconnus du grand public comme, pour ne pas les citer tous, David Jackson, Jean-Charles Valladont, Christine Gauthé, Antoine Balanant… Même Sébastien Flute, la star française de la discipline, premier médaillé d'or à dix-neuf ans, aux JO de Barcelone, reconnaissait en souriant dans les colonnes du journal *Le Monde*, en août 1992 : « Il n'y a qu'une différence entre le médaillé d'or du cent mètres et le médaillé d'or du tir à l'arc, c'est le public. »

Pourtant, à revoir sur Internet la finale où Sébastien Flute est opposé à un coriace compétiteur coréen, Chung Jae-Hun, le suspense est égal à une finale de Roland-Garros ! Les trois dernières flèches, d'une volée de douze décochées en alternance, décident de l'issue. Elles pèsent comme des balles de tie-break. Les deux archers sont concentrés sur le tir de chacune d'entre elles, avec pas plus de quarante secondes pour agir. Le geste est, en apparence, simple. Armer, viser, tirer. Mais derrière cette unité de façade, l'œil du champion fragmente le geste à l'infini : la prise en main de l'arc, le placement de la flèche, selon que l'on est droitier ou gaucher, le pincement de la corde à trois ou quatre doigts, la sensibilité au vent s'il y en a… Le diable (et la recherche de la performance), on le sait, se loge dans les détails. L'archer se met en place. À soixante-dix mètres, distance olympique, le jaune central de la cible, qui correspond à la note maximale, le 10, paraît bien petit : il ne fait que douze centimètres, la taille d'un CD. L'archer, tout en souplesse, lève son épaule, puis lentement descend l'arc. Il tend la corde. Jusqu'à atteindre le point qui déclenche le *clicker* (contrôleur d'allonge) lui indiquant, à l'oreille, qu'il est parvenu à son allonge idéale pour tirer. Voilà que la flèche part. L'archer demeure figé. L'arc, relâché, balance un moment avec mollesse au bout du bras toujours tendu. Le corps ne se détend que lorsque la flèche se fiche avec un bruit sec, à une vitesse de deux cent vingt kilomètres par heure en moyenne, dans la paille du blason (terme pour désigner la cible). Le combat entre les compétiteurs est, à ce niveau, plus mental qu'autre chose. Qui va craquer ? Qui va faire abstraction de l'enjeu, de la pression, du bruit ? Ne plus penser qu'à la flèche et au rond jaune au centre ! À ce jeu, c'est le Français qui prend l'ascendant. Ses deux dernières flèches affichent 10 et 10. Le Coréen perd pied, comme un sprinter dont les membres, fatigués, se désolidarisent passé la ligne d'arrivée. Ses traits partent de travers. 8 et 9. Flute est champion olympique. Premier Français depuis que la discipline, olympique de 1900 à 1924, l'est redevenue en 1972…

Il est rare qu'une discipline sportive se résume à un seul geste. Le tir à l'arc en est un, et quel geste ! Beau dans sa lenteur, dans son ampleur, dans sa tension presque animale comme celle d'un cobra prêt à l'attaque, qui lève lentement la tête, se tend jusqu'à l'extrême et se relâche soudain. L'arc et le corps ne font qu'un. Le bois et le muscle, la corde et les doigts. Ils oscillent entre souplesse et rigidité. Est-ce l'homme qui tend la corde, ou l'inverse ? Cette fusion du geste « physique », qui tient au corps, et du geste « technique », qui tient à la machine, distingue la discipline.

L'outil – très ancien puisqu'il remonte à notre préhistoire – et le sujet se lovent l'un dans l'autre, manifestant presque ingénument les épousailles de l'homme et de la technique. En inventant probablement l'arc il y a soixante-quatre mille ans, comme en attestent les microlithes témoins de la fabrique de flèches retrouvés dans une grotte en Afrique du Sud, l'homme a imaginé un outil qui, prolongeant son bras, l'a allongé. Avec cette première interface technique, l'archer chasseur a surtout modifié le geste. Il usait jusque-là d'un « propulseur », instrument qui supposait un élan, mais qui avait l'inconvénient de dissocier la vue et le bras. On ne lance pas avec la même précision lorsqu'on est en mouvement, et que de surcroît on ne peut pas aligner l'œil sur le projectile. Avec l'arc, le geste procède par intégration : il se fige, immobile, et permet la visée en rapprochant le projectile de l'œil. L'arc ajoute de plus la puissance à la précision. Il ne fait en effet pas que translater la force du bras, il y associe celle du corps tout entier. L'arc simple, bois et corde, s'est singularisé en fonction des usages comme la chasse, la pêche, la guerre, et selon les civilisations où il s'est trouvé utilisé. *Long Bow* (très grand arc) pour les archers anglais qui ont écrasé les Français à Crécy-en-Ponthieu au XIVe siècle ; arcs composites (bois et corne) et à la fabrication très sophistiquée pour les Huns, qui tiraient à cheval avec précision à près de quatre cents mètres de distance… L'arc, objet technique, s'est ainsi ouvert au fil du temps et jusqu'à aujourd'hui à des améliorations toujours plus élaborées (poulies, matériaux, viseurs, stabilisateurs, etc.), augmentant la tension, le potentiel d'accumulation de force et la précision. Il existe une épreuve, non olympique, de tir à l'arc préhistorique, qui – comme les concerts de musique baroque interprétés sur des instruments d'époque – font revivre avec une certaine authenticité les lointaines origines du geste… C'est dire si le tir à l'arc, qui figure aujourd'hui aux jeux Olympiques, représente une épreuve très symbolique au regard de l'histoire de l'humanité.

Le geste du tir à l'arc a ceci de paradoxal qu'il recherche la plus parfaite immobilité. Le corps y devient statue. Il était alors naturel qu'un sculpteur s'empare d'un tel sujet. Antoine Bourdelle, artiste de la Belle Époque, élève et ami de Rodin, répond à la commande de Gabriel Thomas, un riche mécène amateur d'art, pour concevoir en 1909 l'œuvre qui va lui assurer une notoriété mondiale : *Héraclès archer*. Une des versions monumentales de l'œuvre, un bronze massif, est installée à l'entrée de l'Insep (Institut national du sport, de l'expertise et de la performance). Cet archer qui bande fort un arc – sans corde, sans flèche –, n'est-ce pas le plus beau symbole du sport, hyperbole de l'effort et de la volonté ? La sculpture exalte, en l'exagérant au-delà du naturel, le geste unique d'une discipline unique en son genre, dans le déploiement spectaculaire de deux forces, celle du bras qui tend l'arc, celle du pied qui fait contrefort. Dans ce tir d'une flèche invisible, c'est peut-être l'image du désir sans contenu, la pure aspiration à se projeter, que Bourdelle a réussi à représenter. L'œuvre est inspirée d'un épisode mythologique, en l'occurrence le sixième des douze travaux confiés à Héraclès dans une entreprise de purification du monde. Il s'agit cette fois de débarrasser le lac Stymphale de ses oiseaux monstrueux, sorte de ptérodactyles carnivores, mangeurs d'hommes aux ailes et aux griffes d'airain, qui épouvantent toute une région. Le héros, muni de son grand arc et de ses flèches empoisonnées, déniche les volatiles et les extermine jusqu'au dernier. Afin d'exprimer cette puissance, Bourdelle conjugue l'anatomie à la dynamique : « Je fis arriver sur la forme, au-delà du sang, de l'os, du cartilage et des muscles humains, la structure ambiante des forces. » L'archer prend une pose frôlant le déséquilibre. Héraclès, muni de son arc sans corde et sans flèche, avec un visage effilé et géométrique, est stylisé à la manière antique à la demande du modèle, André Doyen-Parigot, un militaire, « gymnaste et homme lettré » qui ne souhaitait pas être reconnu. La statue, jouant d'un parfait équilibre des pleins et des vides, acquiert une puissante force graphique. Comme un dessin au fusain tracé dans l'air. La sculpture, relevant de ce mouvement que les historiens d'art qualifient de « classique moderne », vire ainsi au « logo » sportif, idéogramme de la performance athlétique imprimé sur tous les cahiers d'écolier de la marque portant le même nom dans les années 1930… Bourdelle participa au concours pour l'affiche des JO de Paris en 1924, mais malgré ses merveilleuses esquisses, l'archer ne fut pas retenu.

Ainsi le geste de l'archer est-il devenu emblématique. C'est le sport fait idée. La simplicité du geste exige qu'il soit pensé dans toutes ses dimensions. Tous les archers font strictement le même geste, mais c'est celui qui sera descendu au plus profond, l'ayant ainsi transformé en *cosa mentale*, qui pourra se distinguer. Il faut dire que, entre le monde des idées et le tir à l'arc, les liens sont anciens. Cicéron, penseur latin majeur de l'Antiquité, adepte du stoïcisme, ne trouve pas d'image plus parlante que celle du tir à l'arc pour illustrer la manière d'envisager « la vie vertueuse ». Ainsi distingue-t-il entre la cible et le but. De même que l'archer vise la cible mais, faisant effort, peut la rater, ce qui est important dans la quête de cette vie vertueuse, c'est l'intention, la volonté d'être vertueux – bien que l'on sache que personne ne peut prétendre à la perfection. Ce qui compte, au fond, c'est le geste. Pas la réussite. Et si, écrit Cicéron, malgré la concentration de l'archer, un coup de vent fait dévier la flèche, il faut qu'il fasse la part entre ce qui relève de son pouvoir d'agir (l'entraînement de l'archer) et ce qui ne dépend pas de lui. Toute une philosophie est ainsi sortie de l'arc.

Sans doute l'attitude conquérante du corps tendu, visant manifestement « plus haut » – un des principes de l'olympisme de Coubertin : « *citius*, *altius*, *fortius* » (plus vite, plus haut, plus fort) –, n'est-elle pas étrangère à la prééminence de ce geste sur tous les autres. Les JO de Barcelone en

1992 lui ont donné, à cet égard, une publicité éclatante, télétransmise à des millions d'individus sur la planète. Dans une mise en scène de l'ouverture officielle des Jeux dont l'apothéose a été confiée à l'archer espagnol Antonio Rebollo, l'organisation a magnifié le geste : on a vu ainsi, dans le vieux stade de Barcelone, l'archer champion recueillir au sol le feu de la flamme olympique sur le bout de sa flèche, puis se retourner, tendre l'arc dans un geste assuré, viser et lâcher pour faire décrire à la flèche qui brûlait une parfaite courbe jusqu'à la vasque olympique, juchée tout en haut du stade, au-delà des derniers gradins. Il faut aller visionner sur Internet ce moment d'une rare beauté. Geste spectaculaire d'un sagittaire – signe d'air et de feu – au parfum de péplum, capté par le photographe Peter Read Miller, le tir de Rebollo charriait sans doute avec lui le souvenir de tous les gestes d'une humanité archère, depuis l'ancêtre *Sapiens* jusqu'à Bourdelle.

Regardons de plus près le geste. Tout compte. Plus celui-ci est simple, plus il est sensible à la moindre variation.

L'actuel entraîneur de l'équipe de France, « Monsieur Oh », un maître coréen venu en France pour préparer les athlètes aux JO de Paris, travaille sur les millimètres de l'allonge, sur des placements au centimètre près. Plus que dans aucun autre sport, la performance suppose ici le geste parfait. Chaque changement, même infinitésimal, peut faire triompher ou ruiner un tir. On le comprend en écoutant Jean-Charles Valladont, vice-champion du monde, quand il détaille son geste dans un clip de l'Insep (visible sur Dailymotion). L'archer étire son corps dans toutes les directions. Le buste y est à la croisée des forces, entre une verticale, garante de la stabilité, et une horizontale sur laquelle pèsent les efforts du tir. Le champion cherche, dit-il, à adapter au mieux la position du T à sa physionomie. C'est ici que l'arc-objet aspire à réduire l'écart avec le corps qui le porte. On dirait presque qu'il cherche à entrer dans la chair pour mieux réaliser l'alignement avec l'œil qui vise. La mythologie en offre une image extrême. Les Amazones, peuple de femmes guerrières, s'amputaient, on le sait, du sein droit pour faire une place à l'arc !

La corde tendue appuie par ailleurs sur les lèvres de l'archer dans un chaste baiser. Il y a dans le couple que forment l'arc et l'archer quelque chose de subtilement érotique – explicite dans l'Amour archer, le Cupidon qui décoche, à la Renaissance, ses flèches dans les cœurs. La respiration aussi fait l'objet d'un réglage harmonieux entre l'arc et le corps. « Au moment où je commence à bander mon arc, je respire, je gonfle ma cage thoracique, et au moment où je tracte ma corde, mes poumons se vident. C'est cela qui me permet d'être le plus stable. » L'archer à cette seconde est, avec les mots de la championne coréenne An San, « comme une eau calme ». À toute cette physique du geste, l'archer ajoute le rôle, à la fois perceptif et constructif, de l'œil. Car, dans le tir, l'archer abandonne la simple vision binoculaire, panoramique, complexe, pour la visée monoculaire qui construit, en fermant un œil, un rayon visuel. La flèche se fait vecteur du regard. C'est ce qu'explique encore le champion, qui insiste sur le fait que ce qui est important, au-delà de la visée, c'est l'accompagnement de la flèche par le regard.

Il existe une œuvre dans la peinture renaissante italienne où surgit avec éclat ce « regard-flèche ». Il s'agit du *Martyre de saint Sébastien* (*circa* 1475) des frères Piero et Antonio Pollaiuolo, conservé à Londres à la National Gallery. Rappelons l'histoire de ce martyr, capitaine des archers de l'armée de Dioclétien. Ayant refusé d'obéir à l'empereur, il est condamné à périr sous les volées de flèches de ses soldats. Martyre raté cependant. Les flèches atteignent leur cible, mais pas leur but – la mort. Ce n'est que par l'effet d'une solide bastonnade que saint Sébastien finit par mourir. Dans le tableau des Pollaiuolo, Sébastien n'est pas seul. Il est entouré, comme dans un cercle magique, de six archers qui procèdent à l'exécution. Les uns ont tiré et réarment, les autres sont en train de tendre l'arc et de viser. Bel exemple de mise en scène, mais aussi de compréhension du geste, comme le feront plus tard les scientifiques inventeurs de la chronophotographie. En distribuant ainsi entre plusieurs figures les opérations propres au tir, l'artiste décompose le mouvement. Il met au jour la chronologie de ce supplice qu'on appelle la « sagittation », et sa durée – soulignant ainsi la cruauté d'un châtiment non seulement effroyable, mais interminable. À travers cette figure puissamment évocatrice, la religion chrétienne prend appui sur le Livre des Lamentations, dans l'Ancien Testament, pour faire du corps humain une cible : « Il a bandé son arc et m'a placé / Comme une cible pour sa flèche. » Au XVe siècle, dans l'Europe chrétienne, les flèches font sens. La terrible peste de 1348 – qui décime un tiers de la population européenne – a été vécue comme un fléau envoyé par Dieu. Sébastien est proclamé alors saint protecteur de la peste. Son corps transpercé n'a-t-il pas résisté aux attaques des flèches comme les hommes, grâce à la protection du saint, devraient survivre aux innombrables lésions entraînées par le mal ? L'homme, tout comme saint Sébastien, est ainsi au croisement de plusieurs regards-flèches. Et les théologiens et prédicateurs auront alors à cœur d'en récapituler les potentialités sémantiques – flèche du regard, de l'amour, du mauvais œil, de l'envie, de la concupiscence… À travers cette métaphore, le tir à l'arc manifeste la disposition qu'il a à faire sens au-delà du seul périmètre sportif, dans la sphère que l'anthropologue Marcel Mauss, déjà cité, appelait la dimension magico-religieuse du geste.

Le geste de l'archer est support d'un effort qui n'est en effet plus exclusivement physique ni technique. L'œil conçoit sa cible. Et cette visée a acquis, au Japon, une dimension toute spirituelle, à travers la pratique, traditionnelle et multiséculaire, du kyudo. La « voie de l'arc », puisque c'est de cet art martial qu'il s'agit, a élaboré autour de ce geste simple un véritable mode d'être. Chaque moment du tir – la préparation, la visée, le lâcher, mais aussi la flèche, la cible – devient dans cet art l'occasion d'une méditation de nature mystique sur les fins. Il existe un curieux livre devenu culte au fil du temps, *Le Zen dans l'art chevaleresque du tir à l'arc*[1], qui a fortement contribué à introduire au XXe siècle le zen dans le grand public, et a connu un

1. Eugen Herrigel. Traduit de l'allemand, Dervy, 1993.

destin étonnant. Quand je l'ai découvert, il y a quarante ans, le livre jouissait, depuis sa première publication en 1948, d'une réputation romantique. Il racontait l'expérience d'Eugen Herrigel, un philosophe allemand ayant vécu en Extrême-Orient dans les années 1920, et paraissait éclairer la pensée occidentale de la lumière rasante venue d'un Japon mystérieux et profond. Bref et tissé d'aphorismes, l'essai a séduit tout de suite. Georges Braque, notamment, qui l'avait eu en main par l'intermédiaire de l'écrivain Jean Paulhan, en avait été l'un des lecteurs acharnés au point d'en réaliser une édition illustrée de dessins, par la suite déclinés en lithographies. C'est que la pensée qui s'y développe, dans une sorte de dialogue entre le Maître et le Disciple, y est féconde bien au-delà de la pratique de l'art martial. L'auteur, très apprécié des intellectuels japonais alors en visite dans l'Allemagne de Weimar, est envoyé enseigner la philosophie à l'université impériale du Tohoku, à Sendai, de 1924 à 1929. C'est là que, attiré par le bouddhisme, il décide de suivre les cours de tir à l'arc d'un maître zen, Awa Kenzo, chef de file d'une branche mystique de la pratique du kyudo. De cette expérience, il tire d'abord en 1936 une conférence, « L'art chevaleresque du tir à l'arc », reprise et augmentée jusqu'à la version que l'on connaît aujourd'hui. Ce n'est que récemment que les recherches ont mis au jour le fait qu'Herrigel était un adepte convaincu de l'idéologie nazie. Le livre n'en perd pas pour autant son potentiel d'inspiration, mais la personnalité de son auteur jette une ombre au tableau.

Quoi qu'il en soit, Henri Cartier-Bresson, génie de la photographie au XXe siècle, lit cet ouvrage à la fin des années 1950 et en fait son livre de chevet. Artiste « surréaliste », Cartier-Bresson est attiré par le zen et par l'idée que la sagesse se gagne par l'établissement d'un calme intérieur. Avant-guerre, il évoquait encore la photographie en termes de « chasse ». La lecture d'Herrigel l'éblouit. C'est une révélation. Cartier-Bresson change de paradigme. Il troque la carabine pour l'arc. Le geste du tireur à l'arc, moins centré sur le résultat et davantage sur le mouvement intérieur, s'érige en modèle d'explication de son art. Le photographe est un archer. Il voit immédiatement ce qui relie les deux pratiques. Toutes les questions qu'il se pose trouvent réponse, d'une manière ou d'une autre, dans le dialogue du Maître et du Disciple qui fait le fond de cette expérience. La photographie est un « art » où le regard est plus que vision, « visée », et la prise de vue, un « tir photographique » déclenché à « l'instant décisif ». Ces mots, ces concepts tirés de l'art du tir à l'arc vont devenir siens pour le reste de son existence. « Le coup parfait ne se produit pas au moment opportun parce que vous ne vous détachez pas de vous-même. Vous ne tendez pas vos forces vers l'accomplissement mais vous anticipez votre échec. L'art véritable est sans but, sans intention… Libérez-vous de vous-même, laissez derrière vous tout ce que vous êtes, tout ce que vous avez, de sorte que de vous il ne reste plus rien, que la tension sans aucun but », dit le Maître. Cet effacement de soi recherché dans le geste de l'archer n'est-il pas, se demande Cartier-Bresson, celui auquel doit tendre le photographe ? Le tir à l'arc, qui voit le maître zen, yeux bandés, atteindre sa cible dans l'obscurité, n'est-elle pas la métaphore parfaite du tir photographique lui-même ? Qui sait lorsqu'on appuie sur le déclencheur si l'œil atteindra quelque chose – et quoi ? Il faut lâcher la corde et, avec elle, tout son moi, comme il faut lâcher le regard-flèche. Plusieurs des chefs-d'œuvre du photographe peuvent être relus à la lumière de ce qui devient une esthétique du « tir ». Comme ce célèbre cliché de la place de l'Europe pris en 1934. On y voit un petit homme en costume et chapeau saisi en train de sauter au-dessus d'une flaque, un jour de pluie, derrière la gare Saint-Lazare. Cette image n'aurait pas existé une seconde avant ni une seconde après, ni si le photographe avait eu « l'intention » de faire cette photo…

Le geste de l'archer fascine, il est si riche. Laissons de côté les mythes de l'archer justicier (Robin des bois), de l'archer résistant, fondateur de la Confédération helvétique (Guillaume Tell), ou de l'archer roi-époux (Ulysse). Dans tous ces mythes – à la faveur d'un tir spectaculaire –, l'arc rétablit ou établit les droits. L'arc fonde… Ce n'est pas un hasard s'il brille au firmament du sport.

Premier sport ? En tout cas, arc-boutant de l'édifice sportif. Au fond de tout athlète, il y a quelque chose de l'archer. Le geste (décisif) du tennisman au service, du footballeur au penalty, du basketteur au panier tient de celui de l'archer – armer, viser, tirer… Et avec son « *Bolt lightning* », Usain Bolt ne contrefaisait-il pas le geste de l'archer après chaque victoire au sprint ? Ce geste magnétique capte dans son orbite, on l'a vu, les idées, les spiritualités, et même les fantasmagories – l'arc-en-ciel (l'arc dans le ciel) est réputé signifier l'alliance entre le réel et le rêve… Geste complet, le tir à l'arc atteint à la plénitude d'un mouvement qui relève de ce qui fonde l'humanité : l'appropriation de l'espace. Avant l'arc, l'homme habitait un espace limité par la portée respective de ses cinq sens. L'*ouïe* et la *vue* opéraient selon un périmètre de quelques dizaines de mètres, l'*odorat* et le *toucher* concernaient quelques mètres ou centimètres, et le *goût*, lui, consistait à absorber une partie de l'environnement. Le geste de l'archer, en tendant l'arc, a étendu le territoire humain en lui permettant d'investir, mais cette fois par l'intermédiaire de la technique, un territoire (de chasse) amplifié par la portée du tir. C'est peut-être cette dynamique qu'illustre le héros du film de Stanley Kubrick, *2001 : l'Odyssée de l'espace*, le bien nommé « Bowman » (l'archer !). Avec lui, l'humanité emportée dans son vaisseau troue l'espace et aspire à aller jusqu'au bout d'un temps, jusque-là pensé sous la forme linéaire de la flèche…

5
Skateboard
Le ollie, geste magique

Raaaaaaaaaaaaacl. Tap. Tap. Tap. Crrrrrriiiiii. Clac. Clac. Crrrrrrrrrrrrrraaaaa. Clapap. Wrouuuuuuuuwwww. Voilà la bande-son du skate – parfois éreintante ! – diffusée par les roues des planches, véritables têtes de lecture capables de déchiffrer et de faire sonner tous les revêtements, tous les matériaux, tous les accidents du sol urbain. Le skate tape, claque, résonne, glisse, cascade, gronde, s'annonce de loin tel l'orage.

La planche à roulettes se faufile dans l'espace comme à l'époque des pionniers, dans le quartier de Dogtown à Los Angeles – la terre des commencements, là où, dit-on, le skate est sorti de l'océan il y a plus de cinquante ans, poussé par les grandes figures de la discipline que sont Stacy Peralta, Tony Alva, Jay Adams et bien d'autres. Le mythe du skateur s'est construit avec eux dans les années 1970 et tourbillonne encore tout autour de la planète. Ces garçons, inséparables de leur planche, inventaient la glisse sur bitume. Leur *board* était griffé de partout. Dessous. Dessus. Le bois était écorché. Les ferrailles bosselées. Les roues d'uréthane, dévastées. Mais elles roulaient. Tous les skateurs du monde continuent de chercher dans les rues des villes leur équilibre sur ce bout de bois, tantôt d'un coup de reins, tantôt d'un battement de bras. Au risque de chuter. Ils sont semblables au petit d'homme qui apprend à tenir sur ses deux jambes, à marcher, se retenir, puis tomber et se relever encore. Le parallèle est frappant. Ce que l'enfant fait au sein de sa famille, le skateur le vit au cœur d'une communauté extrêmement solidaire, qui l'aide, le conseille, l'accompagne. À la différence de celle des surfeurs – leurs cousins en planche –, moins généreuse. Sans doute est-ce parce qu'il est déjà difficile d'attraper une vague. Et plus rare encore, une « belle ».

Alors, quel intérêt de la partager avec des « étrangers » ? Le surfeur est un local. Le skateur, un global. Il apprend ainsi avec la planche à renoncer à sa mobilité de bipède, syncopé par le mouvement des deux jambes, pour lui préférer une course glissée sur le monde. Ses gestes sont reconnaissables. Ici il tient sur son skate, accroupi à quelques centimètres du sol. Il tape du pied sur la planche, devant, derrière, et le voilà en l'air. Là, à cloche-pied, il pousse avec rage sur sa jambe comme s'il plongeait une gaffe de gondolier dans le fleuve noir bitumeux. Il skate entre des falaises de béton, au milieu d'îlots – bancs, blocks, dénivelés divers. Il racle les arêtes de trottoirs, bondit sur les rails de palissade, frotte les rampes d'escalier, joue avec les plans inclinés. Dans son vocabulaire, il « glisse » (*slide*) et « chevauche » (*ride*). Comme le dit le journaliste américain C. R. Stecyk III, co-scénariste du documentaire *Dogtown and Z-boys* (sorti en 2001), artiste et photographe qui a participé à l'avènement de la culture « skate » : « Deux cents ans de technologie américaine ont créé, sans qu'on y prenne garde, un immense terrain de jeu en ciment au potentiel illimité, mais il aura fallu des yeux d'enfants de onze ans pour le voir. »

Le skate passait pour un divertissement de *teenagers*, apparu sur la côte ouest des États-Unis, à Los Angeles, comme substitut au surf – soit qu'il y ait eu une journée sans vagues, soit que les surfeurs locaux aient interdit l'accès à leur plage. La première conception du skate, un surf des rues fluide et continu, paraissait dans les années 1960 être à l'image de la nouvelle « société liquide », toujours en mouvement, et le geste du skateur aspirait alors au « devenir-poisson ». Il s'agissait de se couler dans le flux urbain, de s'y déplacer rapidement en s'accrochant aux culs des bus ou des voitures, en utilisant au mieux les courants, sans jamais s'arrêter, pour y jouir d'une mobilité, pure sensation de la grâce. En 1959, le skate était commercialisé sous le nom évocateur de « *sidewalk surfboard* », planche à surfer le trottoir. Il avait hérité du surf la forme, plate, contrairement au *board* moderne, recourbé aux deux extrémités. Il s'agissait de retrouver les sensations du surf, mais sans l'océan. Charge à la planche, grâce à ses multiples articulations qui lui donnent une grande souplesse, de recréer par elle-même la dynamique ondulante de la vague, et au skateur de reproduire les gestes d'un surfeur de bitume, avec, par exemple, le « Bert », ce virage négocié très bas, une main traînant au sol. Comme pour revendiquer cette parenté entre ces deux sports de glisse, les premiers skateurs pratiquaient d'ailleurs pieds nus – comme sur l'eau. De cette période héroïque témoigne notamment le court-métrage documentaire du réalisateur Claude Jutra, *The Devil's Toy*, en 1966. Le film exalte, à travers cette planche, l'instrument d'une nouvelle liberté dans la ville et fait l'éloge du « rouli-roulant », délicieux équivalent québécois pour « skate », inspirant la très belle chanson-titre du film. Le réalisateur, comme beaucoup d'autres ensuite, va ainsi fixer la légende d'un skate rebelle, chahutant la belle « ordonnance fonctionnaliste » de la ville pour la soumettre à une appropriation ludique. C'est la prise de possession « diabolique » de l'espace des adultes par les enfants, ces « piétons volants » pourchassés alors au Canada par la police, qui consacre, au même titre que le rock, l'émergence de la catégorie des *teenagers*, population naviguant « en roue libre » dans les sociétés d'alors.

Plus d'un demi-siècle après, cette pratique des origines paraît bien « pauvre » comparée au skate sportif, avec ses marques qui appareillent les « athlètes » de pied en cap – planches, chaussures, protections, casquettes, etc. Le skate a été intronisé sport olympique aux JO de Tokyo en 2020 et est entré dans le grand jeu mondial de la compétition – avec deux épreuves, le Park et le Street, l'une se tenant sur un sol architecturé comportant courbes et pentes, l'autre sur terrain plat. Dans des sites proprets, qui contrastent avec les débordements graphiques des skateparks, de nouvelles étoiles sont apparues. Des Japonais, pour la plupart, qui ont raflé les médailles, comme Horigome Yuto (l'or homme pour le Street), Sakura Yosozumi (l'or femme pour le Park), Kokona Hiraki (l'argent femme pour le Park)… Que penser de l'institutionnalisation d'une pratique qui s'est longtemps donné des airs de contre-culture (au risque, pas toujours évité, de tomber dans le stéréotype) ? Certains doutent toujours que le skate, « sport de paumés », soit vraiment à sa place au milieu d'un tel événement sportif. Non parce qu'il y serait perçu comme un intrus – avec son imagerie punk et son cortège d'arts urbains associés –, mais plutôt parce que, ce faisant, il risquerait d'oublier son essence qui serait d'être plus « collaboratif » que « compétitif ». Sans doute le skate a-t-il produit des célébrités aussi populaires que des rock stars, mais qui ont toujours promu l'émulation plus que l'esprit de compétition. Dans tous les sports – comme l'a montré le sociologue Paul Yonnet, notamment dans *Système des sports*[1] –, le but est de mettre à égalité l'ensemble des concurrents en imposant des règles, en définissant des catégories, en fixant des normes. C'est ainsi que le sport a accompagné, depuis le XIXe siècle, le progrès de la démocratie. Dans le skate, le modèle est libertaire, rétif aux hiérarchies, même et y compris celles légitimées par la compétition. L'égalité n'est pas construite au départ, mais à l'arrivée. Chaque invention

1. Gallimard, 1998.

d'une nouvelle figure s'offre à l'appropriation par les autres skateurs. Comme un logiciel libre mis à disposition de tous afin que l'ensemble des pratiquants maîtrise à son tour le geste et propose, le cas échéant, des variations infinies de réinterprétation.

Système des sports ou système des beaux-arts, alors ? Tout autant que le sportif, c'est l'artiste, et peut-être même le danseur, qui se profile derrière le skateur. Comme lui, il passe des milliers d'heures à reprendre un mouvement, à le sentir, à l'améliorer, pour parfois l'enchaîner avec d'autres dans une suite qu'on dirait chorégraphiée. La figure doit être répétée des centaines de fois jusqu'à ce que le corps et le *board* ne fassent plus qu'un dans l'accomplissement du *trick*, jusqu'à ce que le geste soit parfait, et surtout qu'il soit beau. Le *trick*, c'est le geste du danseur sur planche, une véritable petite œuvre d'art. Signée et authentifiée par chacun de ses inventeurs, même si reprise anonymement par la communauté. Tout au long de l'histoire de la discipline, les skateurs en ont développé des centaines. Mais il en est un, fondateur, qui révolutionne le skate. C'est le ollie. Ce *trick* est né non sur les terres d'origine du skate, la Californie, mais en Floride, sur un banal skatepark, et a été inventé en 1977 par Alan Gelfand, surnommé Ollie. Avec lui, le skate proclame son indépendance de sport de glisse en prenant congé, d'abord, de son lointain aïeul, le surf, sa référence première. Comment faire un ollie ? Il suffit de fléchir les jambes, de taper l'arrière (*tail*) de la planche pour faire se soulever les roues avant. Le skateur saute alors, le pied avant remonte en frottant le *grip*, la partie antidérapante de la planche, pour le remettre à l'horizontale, entraînant les roues arrière. Le skateur vole en l'air un instant, avant de se laisser retomber sur la planche (« replaquer » dans le langage skate) au sol. Le saut peut atteindre plus ou moins un mètre de haut – le record en la matière a été enregistré en 2011 à 1,14 mètre par le skateur Aldrin Garcia. Le geste, apparemment simple, est très technique et suppose une coordination impeccable. La grande nouveauté du ollie, c'est d'envoyer en l'air le skate en utilisant seulement les pieds, tout en prenant soin de se récupérer sur la planche une fois le *trick* achevé. Ce découplage du corps et de la planche a ouvert des perspectives nouvelles en matière de gestuelle dans une discipline qui, sans cette innovation, aurait probablement périclité faute de se donner de nouvelles marges de progression. Ce geste suppose non seulement une capacité à tenir en équilibre, mais surtout d'allier la virtuosité du danseur de claquettes à celle d'un jongleur émérite, en tapant, caressant, donnant une pichenette, ou en claquant sèchement la planche pour la faire voltiger, virer, pivoter, etc. Rodney Mullen, un des génies de la discipline, est le premier à avoir exploité les potentialités du ollie. Il en exécute un tout premier sur terrain plat en juin 1982. Jusqu'alors, il fallait profiter des trajectoires offertes par un *bowl*, cette architecture de ciment avec des courbes et des pentes permettant de passer de l'horizontale à la verticale, et décoller du sol. Avec le ollie sur terrain plat, la planche n'est plus dirigée par la configuration des lieux. Elle s'autonomise. C'est le *board*, et non le *curb* (la courbe) et sa vitesse induite par la gravité, qui est le propulseur. Le très créatif Mullen s'ingénie à faire varier le geste, exécutant le ollie en tapant le devant (*nose*) de la planche, créant ainsi le *nollie*. Il y a quelque chose de magique (c'est un des sens de *trick* : un « tour de magie ») à faire de la planche une sorte de tapis volant. Plus de quinze variations vont suivre – *switch ollie*, *half can*, *pop shove-it*, *fakie ollie*, etc. Avec ce geste décidément libérateur, le skateur n'est plus cantonné à la descente. Il peut monter. Avec lui, la conquête de la ville est envisageable. Le ollie, à la richesse sémantique manifestement infinie, contredit, pour la première fois, le mouvement naturel de la planche à roulettes, qui est de toujours descendre. Comme un saumon remontant le courant, le skateur saute ainsi d'obstacle en obstacle, se jouant de la hauteur. Stimulé en quelque sorte par ce qui empêche, le skateur peut alors glisser sur le dos des bancs, sur les arêtes des blocs de béton, etc. Les skateurs de la génération des années 1980, celle du Street, ont alors braconné dans l'espace tout ce qui justement pouvait contrarier la continuité des trajectoires. Ils découvraient que tout ce qui arrêtait ouvrait aussi à l'imagination de nouvelles figures et qu'il y avait même de la volupté à profiter des obstacles, des aspérités, des interruptions. Le skate ne rêvait plus l'espace urbain. Je ne trouve pas de mot plus pertinent pour décrire ce moment que ce que dit le psychanalyste Jacques Lacan, dans une conférence au MIT, en 1975 : « Il n'y a pas d'autre définition possible du réel que : [...] quand on se cogne, le réel, c'est l'impossible à pénétrer. » C'est vraiment ce qui s'est passé. Un jour, donc, est venue la révélation : la réalité est un endroit discontinu, hérissé d'obstacles auxquels on se cogne et qui obligent à l'invention de *tricks* permettant de les dépasser. Les skateurs ont alors engagé un nouveau rapport à l'espace urbain, produisant une gestuelle plus syncopée, abandonnant le caractère linéaire de la pratique du skate, reflet d'un éphémère moment « heureux » où le corps, la planche et l'environnement fusionnaient leurs énergies dans un même projet. Au skateur d'avoir le génie de réenchanter le skate, mais à partir de la planche – avec ses *tricks* miraculeux qui lui permettraient d'accumuler des prouesses à partir des impossibilités mêmes du terrain...

La beauté du geste en skate n'est pas un vain mot et se construit sur trois piliers. Le corps. Le terrain. La planche. À partir de cette trilogie, tout un univers de gestes a surgi.

Passons sur *le corps* du skateur, qui n'a pas à se conformer à telle ou telle physionomie, contrairement à d'autres sports, et dont l'unique compétence – mais elle est essentielle – consiste à tenir les équilibres pour quitter le moins possible la planche. La performance suppose également un courage physique, car le corps y est mis en jeu, comme dans les sports qui confrontent le pratiquant à ses limites, telle l'escalade ou encore la plongée en apnée. Là, il ne s'agit pas de mettre au point un geste particulier, mais de surmonter une difficulté. Le monde entier connaît le fameux spot en France, le Lyon 25, les vingt-cinq marches de la Cité internationale de Lyon. Cet escalier-monument a nourri depuis plus de vingt ans les fantasmes de skateurs de l'extrême. Six mètres cinquante de largeur et quatre mètres cinquante de dénivelé, avec des marches aux arêtes coupantes. C'est le

Suédois Ali Boulala, véritable casse-cou, qui, en 2002, va le premier faire connaître et « ouvrir cette voie » (comme on le dirait en alpinisme) en accumulant des tentatives infructueuses. Chutes, rechutes et nouvelles rechutes documentées dans une vidéo qui le rendit célèbre. Le saut est proprement vertigineux. L'escalier, devenu Graal, ne sera vaincu qu'en 2015 par Aaron Homoki, skateur américain, star des spots mondiaux, plus connu sous le nom de Jaws – non sans qu'il se soit blessé un an auparavant lors d'une précédente tentative.

Le terrain. C'est historiquement la ville, ses trottoirs, ses rues, ses artères. Le skateur y expérimente le geste simple – se tenir sur le skate – correspondant à la compétence de qui se meut sur un plan horizontal dans les années 1950-1960. À la fin des années 1970, c'est le moment de l'architecture dédiée, celle des skateparks, hauts lieux de la sédimentation de la culture skate (avec « graphe », hip-hop, rap, etc.), où les skateurs partent à la conquête de la verticalité, en profitant des courbes et des pentes et en adaptant leurs gestes au caractère de plus en plus aérien du skate. Historiquement, cette transformation naît à l'été 1976, lors de la grande sécheresse californienne au cours de laquelle les piscines, vidées de leur eau, sont détournées de leur destination première par de jeunes skateurs avides d'exploiter les courbes parfaites de ces grands bacs de ciment inoccupés. Enfin, dans les années 1980-1990, c'est le retour de la ville dans sa réalité d'espace discontinu, où le skateur se confronte, cette fois, avec l'orthogonalité des volumes dans l'espace.

La planche, enfin. Le geste en dépend. À la différence d'autres sports appareillés, comme le saut à la perche, où cette dernière amplifie l'impulsion de l'athlète. La planche s'impose de prime abord comme un jeu. Loin d'être utilitariste, elle apparaît dans les années 1950 comme un dérivé des patins à roulettes. Les longs mouvements pendulaires d'un bord à l'autre du *curb* ne reproduisent-ils pas le mouvement de la balançoire ? Les rotations du skateur sur la planche, celui du tourniquet ? Les glissades le long des rambardes, celui du toboggan ?

La planche a quitté l'univers des jeux d'enfants pour s'imposer progressivement dans le monde des adultes. Le skate a même un statut de pionnier dans ce domaine. Après tout, les trottinettes et patinettes actuelles qui pullulent dans les villes européennes procèdent de cette même trajectoire. Cet héritage est si fort dans le skate que ses pratiquants conservent une forme d'ingénuité qui étonne. Même le grand maître de la discipline, Rodney Mullen, paraît rester sur sa planche, éternellement hors-sol, comme hors société. Lorsqu'en février 2015, à près de cinquante ans, il donne une conférence TED (série de conférences financées par une fondation américaine pour la diffusion des idées), Mullen arrive ainsi sur scène jean large et skate sous le bras, cheveux dans les yeux avec cet air de Peter Pan qui aurait refusé non pas tant de grandir, mais d'entrer dans la société des adultes. La planche, avec sa forme, son poids, son volume, sa matière, ses technologies – avec notamment le remplacement des roues de métal, puis d'argile, par des roues d'uréthane inventées par Frank Nasworthy dans les années 1970 –, a fait éclore toutes sortes de gestes au fil du temps. À la différence du snow, du ski, du patin à roulettes ou de la trottinette, où le pilote est attaché à son véhicule, le skate a une vie propre. Comme le ballon dribblé du footballeur, la planche est disponible à toutes les manipulations. Cette possibilité de jonglage qui s'offre au skateur consacre alors la dernière étape du « détournement ludique » de l'appareil.

Le geste, en skate, comme dans la danse ou l'art contemporain, est traversé par sa composante esthétique. C'est comme si les bipèdes que nous sommes pouvaient soudain expérimenter un mode de déplacement enchanté, à la manière d'un Gene Kelly qui se joue, dans *Chantons sous la pluie*, des rues, des trottoirs, des réverbères. N'est-ce pas d'ailleurs le sens du film *La Vie rêvée de Walter Mitty* (2013), où Ben Stiller (doublé dans certaines scènes par Rodney Mullen !) se retrouve à voyager sur une planche, allant de New York jusqu'en Islande ? Le skate est un *trip*. Voyage sur un tapis volant. Un enchantement de la vie ordinaire. Une féerie du mouvement. Cet art en soi a suscité la curiosité des artistes visuels, qui y ont reconnu une photogénie singulière. La planche à roulettes ne partage-t-elle pas d'emblée avec le cinéma la possibilité de composer des travellings de rêve, ouvrant à des perceptions inédites – souvent à quelques centimètres du sol ? Au-delà des œuvres de cinéastes ou de photographes qui ont accompagné les débuts de cette contre-culture skate, c'est un fait, les skateurs aiment être dans l'image. Et l'arrivée du smartphone, qui permet de se filmer, et désormais des comptes Instagram, où on peut créer un album sans fin, a amplifié tant la part narcissique qu'esthétique de cet art. L'image enregistre, elle atteste, elle magnifie le geste. « La beauté du geste par définition se donne à voir ; il est de son essence de se manifester et même, dans une certaine mesure, de faire spectacle », expliquait le philosophe Jean Galard dans *La Beauté du geste*[1], où il se proposait d'étendre les catégories du beau, propres aux œuvres d'art, à des pans entiers du quotidien. L'image est si enchevêtrée au skate que le skateur, le nouveau promeneur du réel, n'envisage même peut-être sa pratique que comme le

1. Presses de l'E.N.S., 1984.

préalable à un film. Qui sait s'il ne la vit pas intimement comme une œuvre dont il serait l'acteur et le réalisateur, faisant varier à son gré la vitesse de défilement des images et des plans…

6
Plongeon
Geste séraphique

Le plongeon est une fleur de bassin, tout autant que de mer. Il se découvre d'abord dans sa partie émergée, la voltige, à travers ses volutes, ses arrondis, ses arabesques, pour se terminer en une longue tige droite dessinée par la colonne de bulles qui caresse le corps du plongeur dans la profondeur du bassin. Cette fleur qui ondule, c'est le geste du plongeur. Mi-air, mi-eau. Parfois fleur sauvage, comme le saut de l'ange, propre aux adolescents qui s'élancent des falaises d'Acapulco, à trente-cinq mètres de hauteur, depuis plus de quatre-vingts ans. Ou fleur de serre, comme le plongeon sportif aux figures élaborées réalisé dans le cadre d'une compétition – le plus souvent suivie par un public confidentiel. Spontané ou sophistiqué, le geste du plongeur s'accomplit dans un temps extraordinairement bref, à peine trois secondes pour l'à-pic de la falaise à Acapulco, beaucoup moins encore pour une figure au tremplin de trois mètres. Le plongeur ne dispose donc que d'un minimum de temps pour atteindre la perfection d'un geste qui met parfois la vie en jeu. Ou au moins l'intégrité physique du plongeur. Ainsi, si son corps n'est pas strictement tendu de la tête aux pieds, et ses mains serrées en un seul poing, le plongeur mexicain se blessera. Mains écartées, et ses ongles risqueront d'être arrachés par l'entrée dans l'eau à près de cent kilomètres à l'heure. Parfois le casse-cou sera atteint plus gravement. D'autant que la mer entre les falaises escarpées laisse à peine quatre mètres de profondeur. Encore faut-il savoir s'élancer au moment juste, précisément lorsque la mer pénètre et remplit la passe. Sinon gare à toucher le fond… Si, de son côté, l'athlète de bassin ne prend pas scrupuleusement ses marques dans l'exécution de ses figures, il s'expose, par exemple, au cours d'un saut carpé arrière, à heurter la planche de sa tête. C'est ce qui est arrivé au plongeur américain Greg Louganis, le 19 septembre 1988, lors des phases éliminatoires du concours aux jeux Olympiques de Séoul. Le plongeur américain d'origine samoane et suédoise, bel homme métis au physique d'acteur, s'était élancé sur le tremplin du trois mètres. Il était monté très haut, de sa détente puissante, à près de six mètres. Son corps s'était plié et il avait entamé une série de sauts périlleux arrière, jusqu'à ce que, au troisième, sa tête frappe le plongeoir. Moment glaçant que le bruit d'une tête cognant la planche à pleine vitesse ! Louganis dégringole au fond du bassin. Son entraîneur, Ron O'Brien, ne le voyant pas remonter à la surface, s'était déjà précipité pour aller repêcher son dauphin. À quelques centimètres près, Séoul eût connu un drame. L'athlète en fut quitte pour quelques agrafes sur le cuir chevelu. Le lendemain, avec un mental de champion, il récupéra les points perdus pour finalement arracher l'or – non seulement aux trois mètres, mais au plongeon de haut vol.

Le geste du plongeur fascine. Peut-être parce que, projection de nous-même, il s'affronte au vide. Plonger, c'est accepter de ne plus être terrien, s'abandonner au destin d'Icare, l'homme qui voulut voler et chuta du plus haut du ciel dans la mer. La classification des jeux qu'élabore Roger Caillois dans *Les Jeux et les hommes*[1] distingue ainsi, après l'*agôn* (la compétition), l'*alea* (le hasard), le *mimicry* (l'imitation, le simulacre), une quatrième catégorie, l'*ilinx*, représentant les sports qui reposent sur le vertige. En grec ancien, *ilinx* signifie justement « tourbillon d'eau ». Sans doute cette catégorie est-elle plus adaptée à l'alpinisme qu'au plongeon. Mais elle touche toutefois au cœur de cette pratique exceptionnelle de l'espace. N'est-elle pas une véritable expérience de la perte des repères, une manière de « provoquer en soi, par un mouvement rapide de rotation ou de chute, un état organique de confusion ou de désarroi », pour reprendre les mots de Caillois dans son essai ? Car il faut sortir

1. Voir p. 62.

de soi, entrer dans une sorte de transe pour se résoudre à se jeter à l'eau depuis un promontoire – que l'on soit un amateur tremblant sur un rocher ou un professionnel des compétitions Red Bull du plongeon de très grande hauteur, perché au sommet d'une tour de plus de trente mètres. C'est le support initial du tremplin (trois mètres) ou de la plate-forme (dix mètres) qui permet l'appel. Après cette poussée première, l'homme évolue dans l'élémentaire. L'air et l'eau, des milieux aux densités et aux pressions radicalement différentes. Ici, en pleine lumière, visible ; là, sous la surface, ombre fondue dans les ondulations aquatiques. L'histoire du plongeon sportif reflète cette double appartenance. Qui n'est pas seulement élémentaire, mais culturelle et nationale. Pour dire les choses rapidement, deux conceptions – anglaise et continentale (plus particulièrement scandinave) – s'affrontent à la fin du XIXe siècle et vont engendrer, avant la Première Guerre mondiale et après les jeux Olympiques de Stockholm de 1912, la doctrine officielle du plongeon.

Pour tous les sports, l'Angleterre a longtemps été la principale pourvoyeuse de règlements, de nomenclatures, de normes et de compétitions. *Sport* est d'ailleurs un mot anglais (tiré lui-même, il est vrai, on s'en souvient, de l'ancien français *desport* : jeu, amusement), repris tel quel dans de nombreuses langues. Il matérialise la domination culturelle britannique dans ce processus de civilisation qui a vu la transformation d'une activité physique, rituelle, guerrière, en un divertissement pacifique et profane, susceptible d'offrir du spectacle et de favoriser le développement du commerce des paris – souvent interdits dans la société victorienne du XIXe siècle. Le développement important du travail ouvrier qu'a introduit la révolution industrielle a favorisé l'émergence compensatoire de l'activité récréative que constitue le sport. L'historien anglais Eric Hobsbawm ne qualifiait-il pas le football de « religion laïque du prolétariat » ? Est-ce le fait d'être alors une puissance maritime, encourageant chez les Anglais la pratique d'une natation utilitaire (de sauvetage), mais le pays va se doter, dans les années 1840, de nombreux bassins couverts qui vont profiter tant aux clubs de natation qu'aux pratiquants du plongeon. Les nageurs anglais – d'abord dans les *public schools*, au premier rang desquelles Eton, réputée pour ses plongeurs et où l'on organise les premières compétitions dès 1843 – s'emparent de cette pratique, pour tenter de l'intégrer au programme de rencontres. On reconnaît officiellement à l'époque quatre types de plongeon : *taking a header*, plongeon-impulsion, au départ de la compétition de natation, permettant de gagner en vitesse ; *springing*, performance aérienne spectaculaire (comme celle, restée fameuse, de J. B. Johnson, qui piqua tête la première dans la Tamise depuis le pont de Londres en 1871) ; *diving*, épreuve de distance nagée sous l'eau ; *plunging*, épreuve consistant à plonger et, sitôt entré dans l'eau, à ne plus faire aucun mouvement pour parcourir en une minute la plus longue distance sous la surface. Toutes ces formes de plongeon privilégient, dans la majorité des cas, la dimension aquatique du geste. C'est l'entrée dans l'eau qui retient l'attention et qui doit se faire, comme le recommandent les manuels de plongeon,

« avec aussi peu de remous qu'en ferait une loutre en quittant sa tanière ».

Un autre modèle inspire le plongeon, venu, celui-ci, des pays scandinaves. Ces nations dotées d'une forte culture de la gymnastique envisagent le plongeon comme un art gymnique et y convoquent leurs adeptes. Le plongeon, s'éloignant des arts de la nage, y devient un art acrobatique, où sont valorisées les attitudes, les postures, l'exécution de figures complexes. C'est la phase aérienne qui domine, la phase aquatique devenant subsidiaire, l'eau n'étant plus que le milieu où s'achèvent des cabrioles de plus en plus audacieuses. En Allemagne comme en Suède, le plongeon s'accompagne de la construction de plongeoirs, de tremplins, de tours à partir desquelles la performance acrobatique est rendue possible. Les Allemands privilégient le « un » et « trois » mètres, les Suédois, le « cinq » et « dix » mètres. Moment fondateur, le grand gala de Highgate Pond à Londres, en 1897, attire plus de treize mille spectateurs autour de l'attraction phare promise par les prestations de douze plongeurs suédois *performers*, dit l'annonce, de *high and fancy diving*[1]. C'est une révélation. Les quatre jeux Olympiques du début de siècle – Paris (1900), Saint-Louis, aux États-Unis (1904), Londres (1908) et Stockholm (1912) – alternent ainsi, dans les rencontres, les différentes manières de concevoir et de juger l'épreuve du plongeon. D'un côté, la mesure – distance ou temps passé sous l'eau ; de l'autre, l'appréciation de l'exécution du geste. Londres, en 1908, renonce définitivement au *plunging*. La prestation est médiocre et se traîne en longueur. Elle ne tient pas face au spectacle rapide, esthétique, riche en sensations du plongeon de tremplin ou de haut vol.

Le plongeon sportif raffine ses figures au cours du XXe siècle. Mais, parallèlement, le plongeon conserve sa dimension spontanée. Le peintre Fernand Léger contemple, à la fin des années 1930, le spectacle d'adolescents qui s'y adonnent dans une joyeuse insouciance. « Moi je vous assure que lorsque les garçons de Marseille se précipitaient dans

1. Plongeon spectaculaire de haut vol.

l'eau, je n'avais pas le temps d'apercevoir les détails, et mes plongeurs, ils tombent. » Il en tire un tableau, *Les Plongeurs polychromes* (1942), un parmi une série qu'il développe ensuite aux États-Unis dans sa période américaine. Il y célèbre les corps désarticulés dans l'air et dans l'eau, saisis dans une sorte de désordre jubilatoire. La polychromie paraît être l'équivalent visuel des cris de joie et de peur des plongeurs au moment de sauter. Dans ce registre, le plus beau geste, assurément, reste le très populaire « saut de l'ange » ; bien qu'apparemment instinctif, il tire son origine d'un plongeon sportif qu'inventent les athlètes suédois à la fin du XIXe siècle (on le nomme d'abord le « plongeon suédois »). Particulièrement spectaculaire, il est en réalité simple à effectuer, et de ce fait aisément reproductible. C'est celui qu'exécutent les adolescents d'Acapulco du haut de la falaise de Quebrada, sous le regard des touristes, ainsi que les aventureux des plates-formes du cinq mètres des piscines municipales, s'attirant l'admiration, mêlée de peur, d'une foule en maillot de bain. Plongeon enchanteur, comme celui que dessine dans la nuit Peter Pan, le garçon qui ne veut pas grandir, lorsqu'il s'élance, dans le dessin animé de Walt Disney, de la mansarde de la chambre des enfants pour voler vers le « Pays imaginaire ». Ce plongeon, autrement connu dans les pays anglo-saxons sous l'appellation de *swallow dive* (plongeon de l'hirondelle), nécessite un promontoire suffisamment haut pour donner le temps au plongeur de déployer ses ailes – en ouvrant grand ses bras, comme une hirondelle descendant en piqué rejoindre son nid, et en arquant le dos – avant de ramener les bras devant le corps en une flèche pour pénétrer l'eau. Ce vol incarne le comble de l'élégance d'un corps dans l'élément aérien. Beaucoup de photographes vont ainsi se saisir de ce geste et en faire non seulement l'emblème du plongeon, mais, dans les années 1930, le signe de la liberté du corps contre les lois physiques de l'espace. Dernier moment avant la déflagration de la guerre, le Front populaire, sous le sous-secrétaire d'État aux Sports Léo Lagrange, dope l'enthousiasme sportif pour le plongeon en finançant trente-trois bassins couverts. Le sport pour le plus grand nombre !

Dans ces années, « âge d'or des piscines », les photographes bénéficient d'importantes innovations technologiques, libérant leur regard des contraintes techniques. Avec le petit appareil Leica et le rouleau de pellicule (cent trente-cinq images), ils vont s'engager dans de nombreuses expérimentations, renouvelant le langage plastique. Les corps dénudés des plongeurs, le défi qu'ils représentent aux lois de la pesanteur, nourrissent une recherche esthétique féconde. Des photographes-artistes comme André Steiner, Jean Moral, Pierre Boucher, etc., mais aussi en Europe ceux qui sont associés au Bauhaus (Mihály Munkácsy, László Moholy-Nagy…) tentent de rendre, plus que le mouvement, la beauté des corps suspendus dans l'air. À cet égard, le film de Leni Riefenstahl, *Olympia* (1938), réalisé au moment des JO de Berlin, et sa séquence finale sur le plongeon, tournée intégralement au ralenti, s'impose comme une sorte de monument artistique consacré au geste du plongeur. Sous le regard de la cinéaste, les athlètes jaillissent dans l'air, de droite, de gauche, du bas, du haut, en transversale, à l'image d'un Icare moderne dont la chute n'est plus fatale mais lévitation jouissive, expérience d'une glisse douce dans l'air. Durant cette période faste, les photographes mitraillent les corps huilés et bronzés dans les nouveaux lieux de l'élégance, comme la piscine Molitor, chef-d'œuvre de l'Art déco à Paris. Sur grand écran, des stars athlétiques, anciens champions de natation, exécutent des sauts de l'ange, rappelant ainsi leur origine céleste. Johnny Weissmuller fait le voyage à Acapulco (il est toutefois doublé pour son saut de l'ange) et Esther Williams, elle aussi, sacrifie au culte du plongeon… Francis Scott Fitzgerald et Zelda, sa femme, pratiquant le plongeon de haut vol, sont si passionnés que l'écrivain donne à ses personnages, dans son roman *Tendre est la nuit* (1934), les noms de Dick et Nicole Diver (*diver* signifiant « plongeon ») !

Le plongeur est un extraterrestre – ange ou hirondelle. Il lui faut composer, hors le sol ferme, avec l'air, dans un vide qui le confronte à une angoisse originelle, où il fait à travers le plongeon, depuis des millénaires, sa première expérience du vol. Une chute acceptée où le corps joue, autant que possible, avec la gravité. Dans l'air, chaque infime mouvement du corps sculpte le geste. Pencher la tête vers le bas, grouper les jambes sur la poitrine, et le plongeur entame une bascule entraînant la rotation totale du corps. Lancer un bras en travers de la poitrine, enrouler l'autre autour de la nuque, et le voilà qui tourne autour de l'axe central que constitue son corps, en vrille. Saut périlleux et vrille sont la grammaire de base du geste du plongeur. Puis enfin entrer dans l'eau, comme Louganis, en ne laissant à la surface qu'un léger bouillonnement, vite avalé par l'onde. Mais auparavant, dans le vide, sur quoi s'appuyer ?

Le metteur en scène américain Bob Wilson, génial créateur du *Regard du sourd* (1971), était si ébloui par Greg Louganis qu'il demanda, dans les années 1980, au moment de sa gloire olympique, à le rencontrer. Sans doute le lien entre ce metteur en scène et le plongeur star est-il difficile à imaginer. Bob Wilson n'est pas un habitué des bassins. Et Louganis, même s'il s'est essayé par la suite au cinéma et au théâtre, l'a fait dans des cadres infiniment plus traditionnels que le théâtre d'images, à la frontière entre arts plastiques et arts de la scène, qu'a inventé Bob Wilson. Mais Louganis n'est-il pas le seul athlète dans l'histoire de sa discipline à avoir accompli le « geste parfait », au regard des juges, unanimes à lui avoir accordé la note maximale, 10, aux championnats du monde de natation de Guayaquil en 1982 ? Bob Wilson, lui, est mondialement reconnu pour cette obsession maniaque dont il fait preuve dans le dessin et l'exécution de gestes souvent déconcertants d'étrangeté. À cela s'ajoute, comme une caractéristique essentielle de son langage artistique, l'extraordinaire lenteur avec laquelle tous les gestes sont effectués par les comédiens. La scène de meurtre, par exemple, dans *Le Regard du sourd*, où une femme poignarde deux enfants, va occuper près d'une heure, sur un spectacle qui en totalise sept ! Alors considérer le plongeon, cette série de gestes enchaînés dans une sorte d'accéléré, a pu apparaître à l'artiste comme l'exact opposé de son travail. Une manière de renversement, susceptible de nourrir un échange stimulant entre les deux protagonistes. Il raconte ainsi en 1997, pour le journal *Le Monde*, son dialogue avec le plongeur américain : « Je lui demandai comment il faisait, comment il se préparait à plonger. Il me l'a expliqué tranquillement : “Je demande à m'isoler dans une pièce fermée. Puis je dessine mentalement le chemin que je vais parcourir jusqu'au plongeoir, les couloirs, l'escalier, les marches jusqu'au sautoir et l'exécution de mon plongeon, millimètre par millimètre. Au bord de la planche, j'oublie tout.” C'est cette préparation mentale, ce soin porté à chaque geste, chaque moment d'un travail, cet instant d'oubli qu'il faut essayer de retrouver avant chaque représentation. » Ce qui retient dans ce témoignage, c'est la mentalisation du geste à laquelle procède Louganis. Le geste, qui n'a plus aucun support – sinon l'air – ne s'appuie au fond que sur son idée, sur sa conceptualisation. Le plongeon est alors « pensée » du plongeon. Sans faire de Louganis un Platon des plates-formes dans ce découplage du réel et de l'idéel, cette intériorisation d'un geste qui ne tient plus qu'à sa propre représentation apparaît déterminante. Comment ne pas penser à d'autres voltigeurs de l'air, les pilotes de jet de la Patrouille de France, par exemple, qui se préparent à réaliser les figures de leur voltige ? Ils s'assoient, ferment les yeux et, faisant de leur corps l'équivalent de leur véhicule, miment de leurs bras et de leur buste les virages, les montées, les descentes, les vrilles – ainsi que le déclenchement des fumigènes tricolores – qu'ils s'apprêtent à réaliser dans le ciel. Dans cette répétition mentale, il y a une façon de conjurer l'absence de repères, mais aussi d'inscrire le geste – celui du corps comme celui de l'avion – dans un rythme particulier, qui sert tout autant l'exécution que la synchronisation entre les différents membres de l'équipe. Il y a ainsi une chorégraphie du plongeon, un rythme qui le rapproche de la danse. L'entraîneur de Louganis avait du reste souligné cette parenté en déclarant un jour : « Regardez Greg Louganis, vous verrez Mikhaïl Barychnikov en train de danser. » Une danse faite de sauts, de vrilles, de coups de pied à la lune, mais qui se produit dans l'espace vertical de la chute…

Qu'est-ce que plonger ? C'est d'abord quitter la terre pour faire l'expérience de l'espace et de la gravité. Mais l'expérience ne va pas sans angoisse. Après tout, il s'agit d'abord de se jeter dans le vide. L'instinct de survie qui habite nos corps dissuade, freine, interdit, et il faut dominer dans un premier temps, avant de plonger, cette peur panique qui paralyse le plongeur au moment de s'élancer. Dans les années 1950, l'abbé Robert Simon, curé du petit village de Saône, dans le Doubs, se fit connaître du monde entier par la pratique d'un plongeon tout au moins hasardeux. Cet homme, totalement ignorant de l'art de plonger, eut l'idée d'édifier, pour la première fois en 1947, une tour de bois sur une falaise dominant le site de Villers-le-Lac. Il se jeta avec succès (malgré pas mal d'hématomes) de plus de trente mètres de haut dans le lac, récoltant ainsi les fonds nécessaires à la restauration de son église ! Il faut le voir, sur les films d'archives, battre désespérément des bras en plongeant tête la première dans les lacs et rivières – et même une fois, en plein hiver, le 22 décembre 1957, dans le bassin du Vieux-Port à Marseille ! Chaque fois, l'abbé passait de longues minutes, seul tout en haut sur les planches branlantes, à trembler de tous ses membres – au point de faire douter le public – et à réciter des prières à l'intention de sainte Thérèse de Lisieux, se demandant s'il pourrait encore une fois vaincre sa peur. Car il en faut des encouragements, des paroles adressées à soi-même avant d'accepter la chute, la tête en bas. Comment ne pas penser, en cet instant, à la photo abominable du photographe Richard Drew (de l'agence Associated Press), réalisée le 11 septembre 2001 devant les tours jumelles et qui, pour reprendre la description la plus partagée, « est celle où le gars a l'air de faire un plongeon » ? Censurée tout d'abord par les médias américains, elle est devenue iconique. Emblème, idéogramme, avec ce corps en point d'interrogation (la jambe repliée sous le corps), de la catastrophe. L'homme qui tombe, sans identité, est dans l'exact alignement vertical des tours du World Trade Center. Il s'abîme, la tête en bas, presque paisible avec son buste droit, les bras rivés au corps. Il sait quand il saute qu'il va mourir. Tout plongeon, par le simple fait de quitter la terre, est habité par la mort. C'est ce qu'exprime, parmi les premières représentations du plongeon, la célèbre fresque de la Tombe du plongeur de Paestum, en Italie, datée du Ve siècle avant J.-C. La face interne de la dalle qui recouvre la tombe représente une chose rare, une scène de plongeon. Un homme se jette dans la mer, représentée par une simple bosse bleuâtre. Le plongeur pour toujours suspendu dans la phase finale d'un saut de l'ange, virgule brune, bras et jambes bien tendus, tête fixant résolument l'eau, sexe visible comme pour signifier la réserve de vie, dans cette transition de la terre à la mer. Car, dans ce contexte funéraire, il s'agit bien de voir dans la figure de ce plongeon rituel l'évocation du « passage » de la vie à la mort, vers une vie après la mort.

Et si plonger était bien plus qu'un très beau geste… Pas une manière de mourir, mais d'exister. Greg Louganis, dans son autobiographie *Breaking the Surface*[1], tombe le masque et révèle l'envers de la face heureuse du triomphe. Nouveau-né fruit des amours de deux lycéens, il fut immédiatement adopté et grandit sous le

1. Avec Eric Marcus, Plume Publisher, 1996.

joug d'un père violent, qui n'hésitait pas à manier le ceinturon pour faire « plonger » l'enfant dans l'eau froide. Il fut en butte, plus tard, aux violences d'un amant qui le viola et le dépouilla, puis à la dépression. Le plongeon – suite d'une pratique de la danse et du saut acrobatique – ouvrait peut-être une porte dans ces situations sans issue. Plonger dissimulait une recherche opiniâtre, à travers la quête de perfection, d'un moyen de fuir. D'habiter un autre milieu, régi par des lois physiques étrangères au monde réel. Sans doute est-il significatif que l'artiste Yves Klein, figure du nouveau réalisme, ait laissé à la postérité une image, devenue iconique, d'un saut dans le vide. Cette image arrêtée du plongeur en tenue de ville déplace le geste de Louganis des bassins à la vie réelle. Le photomontage, réalisé un jour d'automne 1960 à Fontenay-aux-Roses, présente le photographe lui-même en train de s'élancer, bras écartés, dos arqué, ange planant au-dessus de la rue. À travers ce geste, Klein a traduit, mieux que quiconque, le sens de cette fuite en lui donnant une signification universelle. Deux ans avant sa mort (à trente-deux ans), il a mis ici en scène sa volonté d'artiste d'explorer une autre dimension du réel. De vivre autre chose, autrement, dans un espace radicalement différent. Pour Klein, ce plongeon relève d'un manifeste esthétique et moral. Il n'entend plus ainsi seulement représenter l'espace – à travers les monochromes bleus –, mais en faire lui-même l'expérience. Il s'agit d'aller jusqu'au bout. « Pour peindre l'espace, je me dois de me rendre sur place, dans cet espace même. » Avec cette photo publiée à la une du journal d'un seul jour, *Dimanche*, le 27 novembre 1960, et titrée « Un homme dans l'Espace ! », Klein impose ainsi un des plus beaux plongeons du monde.

7
Course
La foulée, geste universel

Il y a sans doute bien des images mythiques de la course, mais, au XXe siècle, il n'en existe pas de plus riche en signification que celle de Jesse Owens, multimédaillé d'or aux Jeux de Berlin en 1936, sur cent, deux cents, quatre fois cent mètres et saut en longueur ! Ainsi le petit-fils d'esclaves, le « Noir » d'Alabama, adressait publiquement à l'idéologie raciale nazie, et en particulier à un Hitler fou de rage, un camouflet spectaculaire en battant les sportifs aryens. « Courir », à cet égard, dépassait la performance physique pour devenir un geste politique – comme il y en eut beaucoup d'autres dans le siècle, tel le poing levé du « Black Power », sur le podium du deux cents mètres, des deux athlètes afro-américains Tommie Smith et John Carlos aux jeux Olympiques de Mexico, à l'été 1968. Courir mérite bien une célébration. Il y en eut une, superbe, quand le siècle baignait encore dans l'innocence et l'enthousiasme des aurores. Les avant-gardes, tout particulièrement les futuristes italiens, s'investirent dans les recherches plastiques, avec l'ambition de rendre compte du nouveau statut de l'homme moderne transcendé par la vitesse. Ils s'intéressèrent ainsi au sport, parce que cette activité, moderne en soi, gagnait dans les populations à travers l'éclosion de multiples associations et qu'elle offrait un formidable gisement d'images d'humains en mouvement. Le peintre Umberto Boccioni se passionna pour les sports et leur promesse poétique d'expression de l'énergie. L'homme moderne était porté par une vitalité – qu'il appellerait « dynamisme » –, force autonome, irréductible au mouvement mécanique. En 1913, il créa à partir de cette intuition quelques œuvres : *Dynamisme d'un cycliste*, où le corps organique du sportif était fondu avec le métal de la machine ; *Dynamisme d'un joueur de football*, où l'action était consubstantielle au corps du buteur. Il sculpta également *L'Homme en mouvement*. Il en fit l'emblème de cette vision de l'avenir : le corps humain d'un coureur y paraît lutter contre les forces invisibles de la vitesse, ses chairs et ses muscles comme soufflés par le vent, flottant en drapeau dans l'air…

Mais reprenons cette histoire de plus loin. Courir, n'est-ce pas, après marcher, la seconde phase de locomotion de l'espèce humaine ? Après s'être mis debout, *Homo* a pris ses jambes à son cou. C'était, dit-on, il y a deux millions d'années en Éthiopie. Après avoir assuré l'équilibre sur ses deux jambes, *Homo erectus* a pris un risque : courir, c'est-à-dire projeter le corps en avant dans un déséquilibre permanent. Secouer son corps, tenir solidaires la tête, le dos, les hanches, les membres dans le brinquebalement général, trouver son souffle, ne pas se désolidariser, ne pas tomber malgré le pas rapide. La marche aussi est un exercice d'équilibriste permanent – lever un pied pour le poser devant l'autre et s'adapter à la variété des terrains. L'homme pense d'abord par ses pieds. Eux qui, par les multiples capteurs neurotransmetteurs, corrigent sans cesse, et sans que l'individu en soit conscient, l'appui sur le sol de cet instrument complexe, multiarticulé qu'est le corps. Prodige de la marche. Mais, dans la course, à ce geste miraculeux s'ajoutent d'autres paramètres : la vitesse, le vent – contre la résistance duquel l'effort doit porter –, sans oublier le choc du corps sur le sol, avec la régularité métronomique d'une masse. Tous les coureurs peuvent en témoigner. La course castagne les squelettes. Sans une bonne chaussure, la blessure survient. De cette fatalité sont nées les innovations techniques des trente dernières années, comme les chaussures avec petits matelas d'air intégrés. Que penser des temps où l'on courait pieds nus ! Aussi surprenant que cela puisse paraître, les *peich*, laquais coureurs des sultans de l'ancien Empire ottoman, avaient développé une telle corne aux pieds qu'ils supportaient, dit-on, d'être « ferrés » – plus légèrement toutefois que les chevaux… Certains des plus grands champions de fond ou de marathon ont longtemps foulé, dans leur jeunesse, la terre rouge d'Afrique de l'Est, au Kenya, en Éthiopie, pour rejoindre l'école. L'hoplite grec Philippidès, fantassin lourdement chargé qui partit annoncer l'arrivée des Perses, en courant 42,195 kilomètres sans s'arrêter, de Marathon (à l'origine de la discipline à laquelle il a donné son nom) à Athènes, y laissa ses articulations, mais sa vie aussi ! La marche divertit. La course détruit, si l'on n'y prend garde.

Dans le merveilleux spectacle d'un athlète qui court – il faut admirer la course de champions comme le Kenyan Eliud Kipchoge, premier marathonien à être passé sous le seuil des deux heures –, l'histoire de l'espèce entre aussi en jeu. Pourquoi courons-nous ? Les anthropologues s'accordent pour dire que la station debout permettait à *Homo* de se dresser au-dessus des grandes herbes de la savane pour guetter les proies ou les prédateurs. Mais se mettre à courir, passer de la marche à la course, allonger le pas est affaire de survie. Manger ou être mangé. Proie ou prédateur. L'homme court, dans ces temps premiers, pour fuir. La peur au ventre. *Homo* court aussi et surtout pour chasser, en pratiquant une « chasse à l'épuisement ». Courir, courir sans fin jusqu'à ce que la proie s'effondre sans forces. La chasse à courre (du latin *currere*, « courir »), qui consiste à lâcher une meute de chiens derrière le cerf et se pratique à pied ou à cheval, n'est pas différente dans son principe. *Homo* chasseur absorbe ainsi plus de protéines grâce à un régime carné. L'évolution physiologique conduit alors à adapter son corps à la course de longue distance. Pas moins de vingt-six adaptations morphologiques ont accompagné la conversion à l'endurance : développement du ligament nuchal (qui tient la tête) et des muscles fessiers, multiplication des glandes sudoripares sur toutes les surfaces du corps, rotation indépendante des épaules, et croissance de tout ce qui peut absorber des chocs (tendon d'Achille, articulation du pied et du genou, disques vertébraux, long pied avec long orteil…). Des millions d'années de cette pratique cynégétique ont modelé *Homo* dans l'« enduro ». Et pas dans la course de vélocité, où il n'est clairement pas doué. Courir longtemps, jusqu'au bout, à en perdre le souffle, voilà à quoi nous sommes bons. Et à quoi s'adonnent, dans les pays riches, des millions de coureurs anonymes chaque jour sur la planète, de l'aube au crépuscule, depuis les années 1970. Nous avons ainsi renoué massivement avec notre être profond, mais sans être poussés, cette fois, ni par la peur ni par la faim. La course n'a plus d'autre but qu'elle-même…

La course n'est pas un geste. La course est un enchaînement d'efforts, sur un temps bref ou long, sur une ligne, droite ou cahoteuse, tracée dans une enceinte dédiée, ou sur un chemin dessiné par la nature. Au fil du temps, elle a été nommée sprint, fond, cross-country, jogging, running… Selon les circonstances, mais aussi selon les modes qui ont marqué des époques. Le cross-country de nos arrière-grands-parents équipés de larges shorts et de chaussures de cuir montantes, ce cross « paysan » qui respire la boue, les champs, les haies pluvieuses, n'a pas grand-chose en commun avec le running, plutôt urbain, associé aux élégants vêtements techniques. Le jogging qui charrie, dans le sillage des années 1960, un nouveau rapport au corps fait de jouissance et de bien-être, redevable à la libération des endorphines sécrétées par les glandes cérébrales du cerveau au moment de l'effort, ne partage pas le goût ascétique de l'extrême, propre aujourd'hui au trail ou à l'ultra-trail. Ces dernières disciplines, apparues dans le cours des années 1970, mettent les organismes à rude épreuve. L'ultra-trail du Mont-Blanc, l'un des plus pénibles au monde, impose d'accomplir le tour du massif, soit cent soixante et onze kilomètres avec dix mille mètres de dénivelé, en moins de deux jours ! Son vainqueur n'usurpe pas le titre d'« ultra-terrestre » qui lui est donné alors.

Quel que soit le type de course choisi, tout le monde court – homme, femme, enfant. Et ce, depuis son plus jeune âge. Sans y penser. Le mouvement ne suppose pas d'apprentissage spécifique, à la différence, par exemple, d'un service au tennis, d'un uppercut à la boxe, d'un saut carpé au plongeon, etc. Courir est une action si naturelle qu'on a du mal, au premier abord, à en isoler une séquence que l'on pourrait qualifier de « geste ». Ce n'est pas que le geste soit contre-nature, mais il artificialise le naturel, en fait une petite œuvre, toujours perfectible. Le geste est la pensée du mouvement. Aussi est-ce par une coupe arbitraire dans le continuum du mouvement que l'on peut extraire, de la course, une sorte d'unité de base, sa brique fondamentale : la foulée.

Comme en linguistique, la foulée est ce morphème, unité minimale qui, répétée dans la durée, traduit la course en une longue phrase. Poème ou narration, qui sera propre à chaque coureur. Comme dans un texte, la course est affaire de souffle. Inspiration. Expiration. La virgule ici, le point (de côté !) plus loin. Le coureur, comme le poète, gère les respirations. La course à pied est métaphore de l'écriture et de la vie. Le romancier japonais Haruki Murakami, compulsif joggeur solitaire, n'est pas le premier à l'exprimer. Mais il le fait avec une ampleur inédite dans son *Autoportrait de l'auteur en coureur de fond*[1]. Proust, l'asthmatique, est un coureur de

1. Belfond, 2009.

fond – et même des profondeurs. Il tient la distance grâce à son génie de l'incise et de la subordonnée. C'est ainsi qu'il repousse le plus possible le moment de mettre un point. Il craint tant d'être stoppé. Comme le marathonien craint le redoutable mur des trente kilomètres où il perdra le souffle et devra s'allonger sur le bas-côté, pleurant de rage contre ce corps qui ne « veut » décidément plus avancer. Certains qui renoncent à toute ponctuation retiennent leur respiration, écrivant en apnée pour éviter ainsi de perdre le souffle – comme Philippe Sollers dans *Paradis* (1981), un roman sans ponctuation, sans lignes de blanc, sans paragraphes… Revenons à la foulée. Qu'est-elle ? Deux choses : l'espace entre les deux pieds lors du mouvement, mais aussi la pression sur le sol du corps, sa trace. Il y a de très belles lignes à cet égard dans *Plaisirs des sports : essais sur le corps humain*[1] de Jean Prévost, où le normalien sprinter déchiffre la course qu'il a perdue, comme un traceur africain, en la reparcourant lentement et en interprétant, comme on le ferait d'une écriture,

1. Gallimard, 1925.

les insuffisances de telle ou telle foulée à travers les empreintes de ses chaussures sur la cendrée du stade. Toute course est une écriture. Les sumos, lorsqu'ils se préparent à s'affronter en combat, ont l'habitude de frapper le sol un pied puis l'autre pesant de tout leur poids. Ils chassent ainsi les esprits. Le pied du coureur, au contraire, lorsqu'il entre en contact avec le sol, doit le frôler comme s'il fallait prendre soin de ne pas réveiller les esprits qui y dorment. Caresse de vent. Si la marche tient à la terre – il faut poser et même assurer le pied sur le sol –, la course, elle, aspire au ciel. Les petites ailettes aux pieds d'Hermès, dieu coureur porteur de messages, témoignent de ce lien. Être-oiseau du coureur. Les pieds de l'homme qui court ne touchent pratiquement pas terre. Ils voudraient idéalement s'arracher à la gravité. Comme Armstrong réalisant ses premiers pas sur la Lune. Courir est ainsi un compromis entre la marche et le vol. Mais cette représentation rêvée du coureur, chaussé de féeriques bottes de sept lieues, fait peu de cas du sol, composant majeur du geste. Le terrain participe au mouvement. Sans lui, sans sa collaboration, pas de progression. La foulée compte sur lui, au moins pour deux de ses trois temps : propulsion, (suspension), rebond. Cette mécanique horlogère qui coordonne le mouvement engage le pied, la jambe, le corps, les bras et la tête. Et au-delà, l'esprit !

Voilà donc le geste de la course. Cette foulée passible de toutes les admirations, comme celle, devenue mythique, de Jules Ladoumègue, l'un des plus grands espoirs de la course à pied dans les années 1920, trop tôt retiré du circuit de la compétition amateur, parce que injustement soupçonné par la Fédération d'athlétisme de l'époque d'avoir été rémunéré pour courir. Il domine pourtant la discipline. Dès lors, privé de compétiteurs en chair et en os, il est contraint de courir contre le chronomètre. La frustration est immense. Aussi accepte-t-il de courir à Moscou, à l'invitation des autorités de l'URSS, dans des stades bondés, contre des champions soviétiques. Le modeste « aide-jardinier » suscite, ici comme en France, un incroyable enthousiasme populaire qu'on a peine, aujourd'hui, à imaginer. C'est que la course est l'étendard – comme le vélo –

du sport ouvrier. En 1935, une foule d'un demi-million de personnes, massée sur les Champs-Élysées, de la Porte Maillot à la Concorde, acclame Jules Ladoumègue au cri de « Julot ». Le coup de pistolet du départ a été donné par Maurice Chevalier. Le chanteur et acteur est l'une des rares vedettes françaises de l'époque à s'être exportées à Hollywood. Ladoumègue, short et maillot blancs, comme une apparition sur l'asphalte noir, athlète sec et élégant, court en solitaire, perdu dans une marée de cyclistes qui l'accompagnent, de voitures qui klaxonnent, de badauds qui s'approchent si près qu'ils pourraient le toucher. Et même le faire chuter. Symbole d'une nation rassemblée autour de l'un des siens, qui fleure bon la France du Front populaire à venir ! Longue, souple, élastique, sa foulée fait l'objet de la curiosité scientifique des photographes de la prestigieuse école d'éducation physique de Joinville – ancêtre de l'Institut national du sport, de l'expertise et de la performance (Insep) –, fabrique française de champions olympiques. Témoignage émouvant, ces images où le champion est saisi dans les trois moments de la foulée – propulsion, suspension et rebond. C'est un modèle : diamant brut soumis à l'examen des professionnels de la performance. Et puis, parce que tous les athlètes n'ont pas la grâce, il y a les foulées inesthétiques, laborieuses, d'un coureur au visage grimaçant, Emil Zátopek, l'ouvrier tchèque qui, rétif tout d'abord à pratiquer la course, commença par fabriquer des chaussures de sport (tennis) dans les usines Bata. Lui qui disait qu'il n'était « pas assez doué pour courir et sourire en même temps » remporta tout de même, dans son style inélégant, la médaille d'or sur cinq mille, dix mille, et le marathon aux JO d'Helsinki (1952). L'écrivain Jean Echenoz lui a d'ailleurs consacré un récit sobrement intitulé *Courir*[1]. Bien plus tard, les foulées de Carl Lewis, d'Usain Bolt, d'Ato Boldon, de Maurice Greene, de Marion Jones – dans les courses de cent, deux cents ou quatre cents mètres – marquent par leur fulgurance. Elles sont la traduction, elles, d'un réglage technique sophistiqué. Sur les corps de ces athlètes hors norme s'exerce le meilleur de la science du sprint. C'est que le geste du

1. Minuit, 2008.

« courir » est une œuvre. Un chef-d'œuvre même, pensé, sculpté, sublimé par les soins de l'entraîneur.

Car la nature ne fait pas tout. Le film *Les Chariots de feu*, de Hugh Hudson (1981), raconte ainsi l'aventure aux jeux Olympiques de 1924 de deux athlètes anglais en butte à la discrimination : l'un, Harold Abrahams, parce qu'il est juif ; l'autre, Eric Liddell, parce que, Écossais presbytérien, il refuse de courir le dimanche, jour du Seigneur. Mais ce qui frappe, dans cette histoire, c'est l'entrée en scène d'une figure appelée à être de plus en plus présente aux côtés de l'athlète, le personnage de l'entraîneur, décisif dans l'artificialisation de la foulée. Abrahams, le brillant élève du Gonville and Caius College de Cambridge, conscient de ne pouvoir briser seul le plafond de ses performances, sollicite ainsi les conseils de Sam Mussabini. Cet homme de l'ombre, malin, jovial, interdit de tribunes (car entraîneur professionnel dans un monde du sport amateur), va offrir au champion de gagner « deux yards », dit-il, de plus à la course. Pour cela, il faut que le coureur réduise l'amplitude de ses foulées, baisse la tête au moment du départ, monte les genoux. Autant d'ajustements techniques qui « dénaturent » la course d'Abrahams... Pour cette raison, dans une scène très significative de l'idéologie de l'époque, le jeune compétiteur subit une séance de remontrances dans son *college* à Cambridge. Ne contrevient-il pas aux règles du *gentleman sportsman* en recourant aux services d'un entraîneur non seulement « professionnel », mais de surcroît étranger, « italien et en partie arabe », rompant ainsi avec un certain nationalisme sportif ? Pour les directeurs du prestigieux Caius College, il est exclu de tricher avec la nature qui vous a octroyé des dons susceptibles de vous assurer un avantage dans la compétition sociale. Cette réaction est typique de l'Angleterre, royaume, et société aristocratique s'il en est. La course, sport « naturel », est ainsi le miroir d'une société où les privilèges sont donnés, où la part de l'inné est valorisée au détriment de l'acquis. La sélection naturelle y règne. Seuls les plus aptes survivent. C'est le modèle darwinien. Au même moment, en France, c'est la gymnastique, discipline moins naturelle, faite d'apprentissages patients et répétés, qui domine. Ce n'est pas un hasard. La gymnastique, pratique encouragée par la IIIe République qui l'étend aux scolaires et aux militaires, est d'essence plus démocratique. Pourvu qu'il y ait des efforts, il est en effet possible à chacun de modifier ses compétences, de développer sa musculature et d'accéder à l'excellence. C'est le modèle lamarckien, cette fois, qui s'impose en valorisant « l'hérédité des caractères acquis ». La nature ne fait pas tout. Il n'y a pas de privilège intangible.

Un fait, une curiosité devrait-on dire, mérite assurément d'être mentionné. Dans la haute aristocratie anglaise, au XVIIIe siècle, il existait un valet, nommé le *footman*. C'était un domestique chargé de diverses « courses » : aller chercher des paquets, annoncer l'arrivée des maîtres, aller délivrer toutes sortes de messages. Une poste privée, en quelque sorte. Ces *footmen*, revêtus d'une livrée particulière, étaient équipés d'une longue canne creuse où ils glissaient des remontants – œufs durs et vin blanc.

Un bon *footman* pouvait courir à la vitesse, dit-on, de sept miles à l'heure. Est-ce une légende ? Mais un certain Langham, le *footman* de lord Berkeley, mit quarante-deux heures pour parcourir la distance entre Callowdon et Londres, aller-retour – soit près de cent quatre-vingts kilomètres (!). Il fallait de toute urgence se procurer un médicament pour lady Berkeley. Il n'était pas rare de voir ce personnel, ainsi usé, succomber au bout de quatre à cinq ans, amaigri et affaibli par cette charge insupportable. Cela peut nous paraître particulièrement désinvolte, mais certains de ces aristocrates eurent l'idée, pour rompre l'ennui, d'organiser des courses entre différents *footmen*. Tout comme lors d'une course hippique, ils les faisaient se mesurer, revêtus d'une casaque et portant une toque de jockey, sur des hippodromes ou en plein champ, sur une certaine distance (*one mile*) ou durant une période de temps donnée (*one hour*). Outre la relative cruauté de tels jeux, ces compétitions illustrent la force du modèle hippique alors dans la conception de la course. Ce modèle de pensée de la compétition qu'a été l'équitation – comme le montre l'historien des sports Georges Vigarello – a été si puissant qu'il s'est exporté également dans les premières compétitions cyclistes. L'accoutrement du coureur au XIXe siècle, qui était réputé « chevaucher » son vélo, comportait casaque et toque de jockey ainsi que des bottes d'équitation ! Les cuisses du vélocipédiste étaient également sanglées à la manière d'une monture... Le coureur à pied ajoute à cette étrangeté du modèle hippique un dispositif étonnant, celui des « poignées d'effort ». Morceaux de bois ou de liège, ces poignées étaient les auxiliaires de l'effort. Car, pour accélérer le rythme de sa course, il était entendu que le coureur devait crisper la main sur la poignée. Il s'agissait de fournir ainsi au sportif un « appui », une « prise » qui lui permette d'amplifier sa foulée. C'est un imaginaire de la manipulation de force – l'Hercule de foire, porteur d'haltères – qui inspire cette posture du coureur, sans bénéfice vérifié entre le geste et la performance. Ainsi s'impose la physionomie du coureur au XIXe siècle : bras à mi-corps, mains serrées sur le cylindre de bois ou de liège...

Les athlètes abandonnent progressivement ces attirails qui ne démontrent pas leur efficacité. La démarche scientifique, inspirée par le positivisme ambiant, joue alors un rôle déterminant dans l'analyse de la foulée idéale et vaut qu'on s'y arrête un moment. Sans doute, à ce titre, n'y a-t-il pas de meilleure célébration de l'homme qui court que celle qu'en donne à travers d'étonnantes images photographiques, au tournant du XXe siècle, le médecin physiologiste, professeur au Collège de France, Étienne-Jules Marey, assisté de son préparateur Georges Demenÿ, gymnaste et violoniste. Ces images photographiques nées de la recherche entreprise alors sont un patient effort de compréhension de ce qui se passe quand un homme marche, saute ou court. À partir de 1882, et durant plus d'une décennie, dans la station physiologique de recherche au Parc des Princes, les deux chercheurs se penchent sur les mouvements des animaux et des humains pour tenter d'identifier les ressorts profonds de la gestuelle du vivant. La technique de la chronophotographie, mise au point par Marey et qui permet de fixer sur une même plaque de verre les états successifs d'un corps en mouvement, fonde une véritable science des gestes.

L'observation simple ne permettant pas par elle-même de comprendre la locomotion, la mécanique photographique permet aux scientifiques (et aux sportifs) d'accéder à la réalité du mouvement et de dépasser ainsi le paradigme anatomique dans l'explication du geste. Depuis l'Antiquité, c'est la conformation anatomique, la *forme* (plus que les *forces*), qui explique la performance. Ainsi Achille, le héros grec de la guerre de Troie, était-il dit, selon l'épithète homérique, « aux pieds rapides », parce qu'on lui avait placé l'astragale du Géant Damysos dans le talon ! Un corps qui court met bien en œuvre tout un système d'os, de tendons, de ligaments, d'articulations qui peut être comparé à celui de la machine, avec ses cordages, ses leviers, ses poulies. Toutefois l'anatomie échoue, seule, à rendre compte du mouvement. Il y faut davantage. La cinétique des corps, des trajectoires, la dynamique de l'élan concourent également à la production de la vitesse. Les images de la chronophotographie permettent ainsi, en décomposant le mouvement, en le géométrisant (par l'artifice de la combinaison noire et de traits blancs sur les membres), de faire apparaître sa vérité – le tracé curviligne du centre de gravité, les oscillations de la tête, etc. Grâce à cette première imagerie du corps rapide, l'homme, pour la première fois de son histoire, se comprend dans le mouvement, peut mesurer son geste, et tenter de tirer des lois générales.

Après s'être séparé de Marey, Georges Demenÿ, une fois installé dans son propre laboratoire à l'École normale de gymnastique et d'escrime de Joinville-le-Pont, travaille avec, dit-il, des « sujets d'élite ». C'est en les examinant que ce pédagogue compte mettre au point une méthode d'éducation physique « française » – on est à l'âge de l'affirmation des nations –, qui améliorera les performances du fantassin (l'homme qui court est censé être un soldat). Trente ans après la défaite de Sedan, la dimension patriotique de l'exercice physique continue d'inspirer la démarche d'éducation. Pour la course, c'est le moniteur Steiner qui sert de cobaye. Il n'apparaît pas moins de quatre-vingts fois dans les chronophotographies de Demenÿ. Dans une vue célèbre de 1906, l'homme qui court, nu, c'est lui. La précision de l'appareillage photographique de Demenÿ favorise une vision tout à la fois réaliste et artistique. Steiner, en mouvement, offre le spectacle fascinant d'un corps d'homme, puissant, de profil. Le dessin de ses muscles en action, la mise en évidence de la trajectoire, la mesure de l'énergie dépensée permettent de documenter un idéal type du coureur. La traction dynamique des membres inférieurs, le balancier des membres supérieurs, la puissance sollicitée des muscles fessiers et dorsaux dans la propulsion, tout fait image et nourrit la réflexion – ainsi donc le dos et la nuque étaient partie prenante de la course ! Mais le spectacle chronophotographique n'exclut pas non plus la perception artistique de ce nu qui vaut bien des statues du plus célèbre sculpteur grec de l'Antiquité, Praxitèle. La plaque oblongue où, sur fond noir, se détache l'athlète aux muscles saillants, si bien dessinés qu'on croirait un écorché, raconte en quatre poses le geste du coureur, mais lui octroie en prime la beauté d'une épure. Comme une sorte de mètre étalon de la beauté du geste de la course, fait d'effort visible et de fluidité et que relève le léger *sfumato* affectant certaines parties du corps en mouvement, comme la jambe arrière.

Depuis un siècle, grâce au développement des technologies optiques – chronophotographie, kinogramme, ralenti, loupe télévisuelle –, l'œil a pu pénétrer le mystère du mouvement et le dissoudre dans des mesures, des courbes, des intensités. Cela n'a jamais toutefois pu expliquer tout à fait la beauté du geste. La course d'une Marie-José Pérec, par exemple, lors de son quatre cents mètres aux JO de Barcelone en 1992, nous a laissé une image jusque-là inédite de la foulée humaine. À travers elle, c'est l'idéal du fonctionnement organique du corps humain qui est devenu l'objet d'une fascination toujours recommencée, par l'effet de cette mémoire ouverte qu'est Internet. Tout, l'explosion musculaire de la première foulée, le toucher fin, dans les suivantes, de la pointe du pied qui gratte la piste, le vol suspendu de la course, le sentiment d'infinie légèreté que dégage ce corps puissant, tout ravit non seulement l'œil mais encore la pensée. Les foulées des plus belles jambes du monde, de celle qu'on appela, peut-être un peu facilement, la « gazelle guadeloupéenne », triple médaillée d'or olympique, ont pu être analysées, disséquées, à travers les kinogrammes réalisés par son entraîneur Jacques Piasenta, en une infinité de micromouvements, mais elles conservent leur secret, leur unité de geste souverain. Les records enregistrés ont pu tomber depuis, l'œil garde intacte la mémoire de ces foulées. Qu'est-ce qui faisait qu'elles se distinguaient ? La grâce de ces jambes fuselées, jusqu'à la naissance du muscle fessier au modelé délicat, demeure. Elles ont dessiné sur la cendrée l'histoire du geste – un mélange de puissance, d'intelligence et de volonté qui fait décidément le champion.

8
Saut en hauteur
Le fosbury, geste hippie

Jamais l'éclat d'un soleil de midi n'annulera la splendeur d'une aurore. Je ne sais pourquoi, mais c'est cette image, à résonance mallarméenne, qui m'est venue en tête en pensant à la performance de l'athlète cubain Javier Sotomayor, Soto le Magnifique, le « prince des hauteurs » comme les médias hispaniques l'ont surnommé, recordman du monde avec un saut de 2,45 mètres enregistré en 1993 à Salamanque. 2,45 mètres ! Un centimètre de plus que la hauteur de la barre transversale d'une cage de but sur un terrain de football ! Ce record réalisé alors qu'il était âgé de vingt-six ans brille encore, invaincu, dans l'empyrée depuis trente ans. Est-ce qu'un être humain pourra sauter plus haut ? Est-ce que Sotomayor a touché le plafond de verre de la performance ? Naturellement, non. En attendant, il faut admirer le champion cubain, dans sa course d'élan, avec ses foulées faramineuses portées par des jambes interminables, sa détente parfaite, sa rotation devant le sautoir, son passage de l'obstacle sur le dos, en fosbury, avec une barre qui tremble mais ne chute pas… Un geste parfait, fruit d'un travail de précision, couronnant des dizaines de concours remportés autour du monde. Le Cubain, aujourd'hui âgé de cinquante-six ans, peut s'enorgueillir encore d'être « l'homme qui a réalisé le saut le plus haut du monde ». Malgré la longévité de l'exploit, c'est pourtant le geste, infiniment moins abouti, de l'Américain Dick Fosbury, médaillé d'or aux jeux Olympiques de Mexico en octobre 1968, qui continue d'habiter les mémoires et d'imposer sa légende. La performance de Fosbury, avec un modeste 2,24 mètres, a vite été effacée des tablettes par les athlètes qui se sont succédé depuis Mexico et jusqu'à Sotomayor. Mais la nouveauté, l'étrangeté de son geste demeurent, inaltérées. Il fut réellement une aurore, annonce d'un jour nouveau dans l'athlétisme.

L'histoire de ce geste est largement redevable des JO de Mexico. Avant l'édition mexicaine, les images des Jeux étaient rares. En 1968, la télé entrait dans les foyers. Aussi est-ce autant la beauté du geste que sa télédiffusion mondialisée qui vont lui conférer sa notoriété. Fosbury n'est évidemment pas conscient de ce qui va se passer. Il est le messager innocent, et même inconscient peut-être, d'un nouvel évangile. En attendant, la veille de la cérémonie d'ouverture, Fosbury file avec son ami Gary Stenlund, le lanceur de javelot, qui est descendu au Mexique avec son camper-van, voir les pyramides aztèques de Teotihuacán. Ils y passent une nuit féerique à 2 300 mètres d'altitude. Dans une atmosphère de feu de camp, les « *gringos* » partagent le repas avec des Mexicains qui sont venus, comme eux, profiter de la somptuosité du site. Tard, très tard, trop sans doute, ils s'endorment dans le camper-van et ratent ainsi la cérémonie d'ouverture.

Fosbury n'est pas très « patriotique ». Il y a même un léger côté hippie dans cette virée – le LSD en moins (qui a nourri, à l'été 1967, le *Summer of Love* à San Francisco). Un an auparavant, convoqué pour les tests d'aptitude, il avait tremblé de devoir partir au Vietnam. Il est sauvé par la découverte d'un trauma au rachis – probablement dû aux sauts. Fosbury est un anticonformiste qui s'ignore. Un membre de l'équipe de France qui le croise alors lui demande de faire une démonstration de ce saut dont on parle au village et qui intrigue. Fosbury ne se démonte pas et le réalise sur-le-champ, en jean et baskets. À deux mètres ! Les champions français commencent à comprendre que l'hurluberlu a la folie des hauteurs !

20 octobre 1968. Il y a quatre-vingt mille spectateurs dans le grand stade de Mexico. Le saut en hauteur – comme d'autres disciplines qui se tiennent au centre de l'arène – est un peu marginal. Il y a les « sauterelles » qui sautent, les « gros » qui balancent leur poids, les « antiques » qui catapultent leur javelot. L'attention est polarisée par la piste et ses compétitions phares – cent,

deux cents, quatre cents mètres, etc. Voilà l'aristocratie olympique. Il est 14 heures. La finale messieurs du saut en hauteur commence. La première barre est calée à deux mètres. Les essais se succèdent. Fosbury passe sans échouer une seule fois. Les gens dans les tribunes commencent à remarquer le fantaisiste qui saute bizarrement. Ils rigolent d'abord. Mais peu à peu, fascinés, ils prennent plaisir à voir planer dans les airs cette longue anguille tout à coup attirée par le ciel. Les jours précédents, Fosbury s'est exempté d'entraînement. Il n'aime rien tant que la pression de la compétition. La présence du public le dope. Au moment où il réussit son premier essai à 2,18 mètres, il ne reste plus que deux rivaux, son compatriote Ed Caruthers et le Soviétique Valentin Gavrilov. Le voilà sûr de décrocher une médaille – au moins celle de bronze. Les trois poursuivent leur chemin vers les hauteurs. 2,20 – tout le monde passe. Puis 2,22. Ces deux misérables centimètres font chuter Gavrilov. Fosbury est sûr maintenant de décrocher l'argent. Il a un avantage sur Caruthers. Jusqu'à présent, il n'a jamais raté un saut ! Caruthers, lui, au fil des essais – trois pour chaque nouvelle hauteur –, en a manqué cinq. On fixe la barre à 2,24. Un record olympique, alors. Mamo Wolde, l'Éthiopien, premier coureur du marathon, vient d'entrer dans le stade dans l'indifférence générale. Le cœur de la foule ne bat plus que pour le saut. Caruthers et Fosbury échouent tous les deux à deux reprises à leurs essais. Il n'en reste plus qu'un. Il est près de 18 heures. Encore quelques minutes, et le sort en sera jeté. Si Caruthers échoue à ce troisième essai ou si, lui, l'extravagant acrobate, réussit, il sera médaille d'or. Mais pense-t-il vraiment à tout cela ? Il est juste là. Présent à son saut. Il sent la foule sans la regarder. Il y a cet air mexicain, plein d'effluves et d'images. Il se dit probablement que c'est incroyable d'en être arrivé là. Au sommet de la compétition, lui ! Il se prépare. Il se balance d'avant en arrière, des talons aux pointes de pied. Comme s'il hésitait. Mais non. C'est sa manière à lui de se calmer. Il regarde le sol. Il n'est plus qu'un bloc de volonté. Il a droit à deux minutes, pas plus, avant de s'élancer. Son corps sait que l'or est au bout de la séquence : élan, appel, envol, extase, tombé ! Il faut y aller. Il bondit alors. Quelques foulées comptées. Il se propulse en l'air et plane bien au-dessus de la barre. Caruthers, lui, échoue une dernière fois. Le fantasque Fosbury et son saut de carpe folle sont médaillés d'or.

Comme d'autres gestes qui ont conservé le nom de leur inventeur, le fosbury, saut en hauteur dorsal, est lié pour toujours à son auteur. Dick Fosbury a vingt et un ans. Ce grand échalas d'un mètre quatre-vingt-quinze, étudiant moyen de l'université d'Oregon, a arraché d'un cheveu sa qualification aux JO un mois auparavant dans l'équipe nationale, en compagnie notamment de ses compatriotes Ed Caruthers et Reynaldo Brown. Comme les autres athlètes américains, il a suivi un stage de dix semaines au Lake Tahoe, entre Californie et Nevada, sur un stade construit spécialement en altitude pour acclimater les organismes à un environnement moins riche en oxygène. Il n'a jamais participé à un concours hors des États-Unis. Pour les observateurs, il est, tout au plus, « une curiosité dans l'équipe ». D'après ce qu'en connaissent les journalistes de l'époque, informés par le bouche-à-oreille ou quelques articles de journaux régionaux, il a une manière bien à lui de sauter. Ce saut étonnant est le reflet d'une personnalité originale.

Fosbury n'est pas un surdoué du sport. Il n'a pas pu intégrer l'équipe de foot car, s'il est grand, il n'est pas baraqué. Ni celle de basket : il est grand, mais les grands sont légion aux États-Unis et, sans talent qui le distingue, il n'a aucun avenir dans ce sport. Alors il se tourne vers l'athlétisme. Le saut en hauteur. Mais là encore, il a tout d'un perdant. Au milieu des années 1960, il est très loin d'être un champion : « Quelqu'un avait parié avec moi que je ne pourrais pas sauter au-dessus d'un fauteuil de cuir rembourré. Non seulement j'ai perdu mon pari, mais en me recevant mal, je me suis cassé la main. » Au lycée, il saute en ciseaux – une technique hors d'âge que son coach lui fait abandonner pour le saut en rouleau ventral. Malgré un travail acharné, il plafonne à 1,63 mètre – à soixante centimètres du record du monde ! Il paraît bien, malgré sa taille, ne pas être taillé pour cette discipline. Mais le garçon ne renonce pas. Il revient au ciseau, et lors d'une après-midi de compétition, c'est la révélation. « J'ai senti qu'il fallait que je fasse quelque chose de différent pour passer la barre. J'ai essayé de monter les hanches, ce qui a eu pour effet de basculer mes épaules vers l'arrière, et ça a marché. J'ai enjambé la barre un peu plus haut. J'ai essayé encore et ainsi j'ai pu gagner quinze centimètres en quelques sauts. J'ai cessé de sauter "assis sur la barre" pour franchir l'obstacle "allongé sur le dos". Ça m'a remis alors dans la course. J'étais de nouveau compétitif », explique-t-il en 2012 à un journaliste du *Guardian*. Les deux années suivantes, Dick travaille à améliorer ce qui allait un jour être connu comme le « fosbury flop ». *Flop*, un « fiasco » en anglais. Quelle curieuse façon de nommer ce saut à contre-pied jusque dans l'intitulé du geste. Son entraîneur à l'université, Bernie Wagner, comme les autres spectateurs, se désespérait de le voir sauter ainsi – « c'est marrant mais ça ne mènera nulle part ». Puis il a l'idée de filmer ce drôle de saut – pour les archives. En faisant défiler la pellicule, il remarque que Dick, avec sa technique, passe bien au large de la barre.

Il comprend alors qu'il est devant un futur champion.

Le geste paraît étrange, incongru même, par rapport à l'orthodoxie de l'athlétisme – en général un milieu très conservateur. Se présenter dos à l'obstacle et passer à l'horizontale ! Quelle posture ! Voire quelle imposture ! (Les juges à Mexico demanderont une interruption de quelques minutes pour relire le règlement et vérifier si rien ne s'opposait à valider le saut de Fosbury.) Mais Fosbury explique, lui, qu'« il n'aurait pas su faire autrement ». Cette manière lui paraît si naturelle qu'il se demande bien pourquoi, comme toutes les bonnes idées, personne n'y a pensé avant lui. C'est peut-être ce qu'il y a de mystérieux dans l'invention de ce geste. Il n'a même pas été calculé. Ce sont les sensations du corps lui-même qui se sont frayé un chemin dans la pratique de l'athlète. Quelque chose de très moderne, en fait. Dans les années 1960, les sportifs parlent « performance », « entraînement », « technique », mais leur vocabulaire n'inclut pas, ou très rarement, la « sensation ». Aujourd'hui, au contraire, il est devenu banal d'entendre un champion dire qu'il a eu « de bonnes sensations » lors de son effort, ou qu'il a « retrouvé ses sensations » après une interruption. Cette approche, nouvelle, apparaît comme le dépassement du discours savant, biomécanique, tel qu'il s'est imposé dans les pratiques sportives depuis la fin du XIXe siècle. Lorsque, au début du XXe siècle, Georges Demenÿ fait sauter, à Joinville, le moniteur Steiner, nu, pour mieux faire ressortir les muscles sollicités durant l'effort, il objective le saut devant son appareil chronophotographique. Il le transforme en mesure rationnelle, quantifiable – impersonnelle. Avec la sensation, l'athlète valorise une connaissance qui se passe de la médiation rationnelle. C'est un savoir sans mot, sans concept, qui s'impose comme « vrai » à celui qui l'éprouve. L'athlète récupère l'intelligibilité de son geste. Il en redevient la mesure. À nouveau propriétaire de son corps. C'est en somme un geste « inspiré ». Imposé non par l'esprit, mais par le corps. Une « illumination » musculaire en quelque sorte.

Au moment des JO, on ne prend pas vraiment Fosbury au sérieux. En tout cas, il ne fait pas partie des prétendants à la médaille. Et puis personne ne parvient à décrire ce qui se passe. Le geste est si inattendu, si disruptif qu'il est proprement indescriptible. Les médias rivalisent alors d'ingéniosité pour en rendre compte. Le *Los Angeles Times* évoque le saut « d'un homme qui aurait été poussé d'une fenêtre du trentième étage ». Un autre y voit le geste « d'un homme qui s'allonge avec un peu d'appréhension sur une chaise longue, trop petite pour lui ». Un autre, de manière plus imagée encore, parle des « mouvements que fait un poisson qu'on a pêché et qui se débat ». Cette dernière métaphore correspond assez bien à l'incurvation dorsale du corps et à ces pieds vivement relevés, comme un coup de queue, au moment de passer la barre. L'auteur du saut, lui-même, ne sait pas rétrospectivement ce qui se passait réellement : « Je décolle en poussant sur mon pied droit, extérieur. Parfois je regarde des films et je me demande bien comment je faisais. » Ce saut est une énigme. Venu de nulle part et, pour un peu, extraterrestre.

Mais avec lui, le geste gagne en grâce. Il devient esthétique. Voilà un siècle que l'on saute en ciseaux ou en ventral. Ou comme on peut. Durant des décennies, les athlètes qui sautent ramènent leurs jambes sous eux dans un mouvement lourdaud. Peu importe, l'essentiel, c'est de ne pas toucher. Les observateurs disent alors qu'ils ont l'air de sauter en « crabe ». Sans doute parce qu'ils passent l'obstacle en travers. Bref, le saut en hauteur ne ressemble à rien. Sinon, pour certains, à des sacs qui cabriolent au-dessus de la barre ! Quel contraste avec cet envol ! Fosbury paraît se figer dans l'air au ralenti, même si on le regarde à vitesse normale. Je comprends la fascination des premiers témoins de cette innovation. Personne, absolument personne, ne sautait ainsi. Une petite précision toutefois : Fosbury n'est pas le seul à avoir été frappé par l'idée. Deux ans auparavant, en 1966, une Canadienne, Debbie Brill, a elle aussi trouvé cette curieuse manière de sauter, qu'elle a nommée « *Brill-bend* » – le pli de Brill. Ça sonnait bien également. Et une photo de 1963 témoigne qu'un autre sauteur, Bruce Quande, avait spontanément employé ce saut lors d'une compétition scolaire dans le Montana. Mais, ou bien ils n'ont pas suivi leur idée, ou bien ils n'ont pas été assez présents en compétition, l'histoire les a (presque) oubliés.

Le geste de Fosbury surgit en une année « *mirabilis* ». Les jeunesses du monde entier se dressent, avec des envies de renouveau. Elles manifestent dans d'immenses rassemblements, de Berlin à San Francisco, de Paris à Mexico (avec le carnage de la place des Trois-Cultures où, le 2 octobre 1968, quinze jours avant les JO, plus de deux cents étudiants perdent la vie sous les balles de l'armée mexicaine). Fosbury n'est pas vraiment un rebelle. Plutôt un hippie cool. Son geste ressemble à sa génération. Profondément libertaire. Alors, comme s'il dédaignait l'épreuve du saut elle-même, et ce qu'elle suppose de conformisme (tout le monde saute pareil), au bout de sa course d'élan il tourne le dos au sautoir. Et lorsqu'il le passe, superbe, il ne le regarde pas. Il l'ignore. Qu'importe qu'il sache s'il a réussi, la foule et sa rumeur le lui feront savoir lorsqu'il s'écrasera mollement sur les tapis – qui ont heureusement, autre nouveauté, remplacé le sable, où la réception d'un tel saut aurait été dangereuse. En lévitation au-dessus de la barre, Fosbury a les yeux grands ouverts sur le ciel. En ventral, son regard se serait heurté à la terre. Stoppé deux mètres plus bas, sans profondeur de champ. Mais avec le fosbury, cette époque est finie – même s'il faudra attendre 1984 et l'ultime saut d'un champion taïwanais pour que le ventral s'absente définitivement des stades. Une philosophie nouvelle s'est insinuée dans son saut. Comme Copernic qui osa penser un jour que c'était la Terre qui tournait autour du Soleil et non l'inverse, Fosbury ose quitter la terre des yeux pour regarder les cieux. En phase avec l'époque, l'athlète montrait la voie. Ne plus fixer la barre. Mais fixer les étoiles. Préférer la verticalité du rêve à l'horizontalité de la compétition, le zénith contre l'horizon. L'élévation se fait ascension. Plus tard, lorsque ses successeurs, bien meilleurs que lui, auront affiné le geste, ils étendront, cambreront encore davantage le corps. Ces athlètes font invariablement penser à des mystiques qui pratiqueraient le saut en hauteur comme un ravissement spirituel. Il suffit pour s'en convaincre d'observer leurs corps abandonnés d'hommes et de femmes, saisis comme c'est maintenant l'usage dans la photographie sportive en un stupéfiant à-pic vertical. Ils renvoient aux extases des saintes évanouies dans leur « béatitude ». La sainte Thérèse du Bernin et tous les mystiques de l'iconographie chrétienne paraissent ainsi annoncer, dans leur posture, le geste du sauteur, avec leurs bras en croix et leur corps qui part en arrière. L'historien de l'art Aby Warburg aurait sans doute vu dans cette correspondance, conformément à sa théorie de la « Pathosformel », le signe de la permanence du geste, « pathétique », porteur d'émotion, à travers les siècles.

Le saut est élévation. Comme les derviches qui tournent sans fin sur eux-mêmes, les Massaï sautent pieds joints sur place pendant de longues périodes. Seuls ou en groupe. Cette danse, qui est une compétition, installe une sorte de transe euphorique dans les corps qui rebondissent apparemment sans effort sur le sol. Dotés d'une exceptionnelle détente, d'une formidable restitution de l'énergie cinétique accumulée dans leurs tendons, les Massaï, bergers filiformes revêtus de leurs traditionnelles couvertures rouges, se hissent dans les airs et, au plus haut de leur saut, paraissent pour un instant se figer, immobiles, dans l'air. Sans en être conscient, Fosbury a donné une nouvelle actualité à ce geste très ancien, commun à l'espèce humaine : sauter le plus haut. Sauter. Bondir. Monter. Ascensionner. Sublimer. Planer. Ce saut en dorsal remue décidément les profondeurs de la nature humaine, mais aussi, plus ample, plus moderne, ce geste dialogue avec le cosmos. Il s'inscrit dans l'effort multiséculaire des hommes pour s'arracher à la gravité. Dans les années 1960, en pleine guerre froide, cette quête prend plusieurs formes, de plus en plus élaborées. Le saut en hauteur oppose ainsi les sportifs soviétiques, experts en ventral, qui se demandent, interloqués, comment contrer ce saut qu'ils qualifient de « capitaliste » – peut-être à cause de sa dimension libertaire, en réalisant qu'il représente une percée inédite sur un marché des techniques que l'on croyait définitivement cadenassé entre le ciseau et le ventral ? Le renversement est total. Les Russes mettront une dizaine d'années avant d'introduire le fosbury dans leurs formations – mettant au rebut quelques générations d'athlètes exclusivement biberonnées à la technique du rouleau ventral. Plus rapides, moins corsetées par le dogme, désireuses par ailleurs de surpasser le grand frère soviétique, les Républiques populaires adoptent immédiatement le fosbury. Le saut dans les hauteurs occupe ainsi la compétition Est/Ouest. De la technique corporelle à la technologie, l'objectif est le même : aller le plus haut. Les Américains, avec Kennedy, ont annoncé en 1960 qu'ils iraient sur la Lune avant la fin de la décennie ! Les Soviétiques, eux, prennent une longueur d'avance en catapultant Youri Gagarine, premier homme à « sortir » dans l'espace. Depuis le 12 avril 1961, il est ainsi l'homme qui a sauté le plus haut ! Il réalise alors cette utopie d'un homme pour la première fois libéré de la Terre. Humain absolument hors-sol. « Ce qui est admirable dans l'exploit de Gagarine, ce n'est certes pas son magnifique numéro de

Luna-Park qui impressionne les foules ; ce n'est pas la performance sportive accomplie en allant plus loin que les autres, en battant tous les records de hauteur [...]. Ce qui compte peut-être par-dessus tout, c'est d'avoir quitté le Lieu. Pour une heure, un homme a existé en dehors de tout horizon – tout était ciel autour de lui », écrit, à ce propos, le philosophe Emmanuel Levinas[1].

Faut-il faire ce dernier lien ? Je ne sais trop. Mais il mérite d'être au moins signalé car il m'a frappé, comme une sorte d'écho artistique à la démarche de Fosbury. C'est en effet précisément peu de temps après, en 1969, que le peintre allemand Georg Baselitz décide de renverser ses tableaux – et le premier d'entre eux, sa variation sur le *Wemsdorfer Wald* de Louis-Ferdinand von Rayski. L'artiste, qui a grandi dans l'Allemagne nazie, met ainsi son monde sens dessus dessous, inversant sur la toile toutes les figures, représentées le bas en haut, dans un geste, lui aussi, inattendu et élégant.

1. « Heidegger, Gagarine et nous », in *Difficile liberté : essais sur le judaïsme*, Albin Michel, 1976.

Comme Fosbury, dont le saut consiste au fond à renverser les perceptions, à perdre les repères habituels, le peintre regarde alors le monde la tête à l'envers. Pour le rendre plus beau et plus ouvert…

1998, *La Coupe du monde, Thuram et le geste du silence*[1]

Il fait chaud ce mercredi 8 juillet 1998 : à la soixante-dixième minute d'un France-Croatie tendu, Lilian Thuram catapulte le ballon, du pied gauche, dans le petit filet à l'extrémité droite du but croate. Dans cette dramaturgie de la chance et de la malchance qu'est un match, Thuram, après avoir été à l'origine d'un but encaissé, est porté par deux fois devant le but adverse. Lui qui n'a jamais marqué inscrit ainsi son second but et fait basculer le score en faveur de l'équipe de France. C'est un

1. Ce texte a été publié dans *Art Press 2*, n° 37, « Le Football », mai 2015.

souvenir majeur, saturé d'émotion, dans cette Coupe du monde.

Or ce n'est pas le geste, miraculeux, du buteur, mais celui du joueur, après but, qui retient l'attention. Geste à la profondeur sémantique énigmatique qui n'appartient pas strictement au jeu, mais plutôt au hors-jeu. Le spectacle sportif se nourrit en effet tout autant de la virtuosité des hommes habiles à maîtriser la balle que des moments de tristesse, de jubilation, qui paraissent se condenser sur le tapis vert de la pelouse. Le vocabulaire gestuel commun aux manifestations de joie d'après but déploie toute la gamme de l'explosion physique : gesticulations, sauts périlleux, pas de danse, courses, bras levés, rictus, pleurs, hurlements. Or, avec Thuram, rien de tel. L'arrière de l'équipe de France tombe à genoux. Assis sur ses talons, bras droit replié sur le ventre tenant son bras gauche, il pose la main sur le bas du visage et le doigt sur la bouche. Tout l'inverse de ce qui est attendu : au mouvement, il oppose l'immobilité ; à la communion avec les autres, l'isolement, même pour quelques secondes ; à l'expressivité extrême des visages, le masque ; aux manifestations bruyantes, le silence, et davantage, avec ce doigt sur le philtrum, le signe même du silence ; à l'agitation, le signe de la rumination marquée par cette main au menton… Certains gestes ont la beauté plastique de ce qui ne se produit qu'une seule fois. Inédit, celui-ci a quelque chose d'opaque, et même d'inquiétant – à en juger par le regard interrogatif de Thierry Henry, premier arrivé auprès de son camarade. Comment interpréter ce geste, qui en comprend plusieurs : interdiction de dire, méditation sur un but miraculeux, sidération ?

L'anatomie de cet instant – deux secondes à peine – découvre un geste arrêté. Le buteur, pétrifié, est incrédule à l'idée de ce qu'il vient de réaliser. Ce que je vois, pour ma part, dans cette image, c'est celle d'un footballeur stupéfait devant la prouesse de son propre corps, masse musculaire qui a agi sans que la pensée s'en mêle. Le corps de l'athlète a passé outre toutes les réserves que le joueur aurait pu opposer à l'idée d'un tel exploit – un arrière ne marque pas, et pas deux fois de suite ; il ne prend pas le risque de déserter le périmètre à défendre, etc. Mais il y a plus, et qui tient à la place particulière qu'occupe le football dans nos sociétés laïcisées. Territoire du miracle, le terrain a concentré sur lui les attentes des foules en mal de rituels : le foot communique avec l'invisible…

Le regard dans le vide, comme recueilli en lui-même, le visage transfiguré de Thuram ne s'appartient plus : éclairé de l'intérieur, il me fait penser à celui de Moïse, qui, ayant contemplé la face « resplendissante » de Dieu sur le Sinaï, en redescend, avec sur le visage quelque chose de cette splendeur qui le rend étranger aux autres. Thuram a aperçu ce que les autres n'ont pas vu. Et cette vue l'a transformé. Comme un acteur de nô pris dans une transe lente, il théâtralise à l'extrême le « chut », dotant d'une force nouvelle le *signum harpocraticum*, ce geste attribué dans l'Antiquité à Harpocrate, dieu du silence, et qui s'est perpétué dans les siècles à travers une riche iconographie. Pourquoi Thuram s'imposet-il le silence ? Pour garder le secret, ou parce que « ce dont on ne peut parler il faut le taire » ? Cette expérience intime, qui se situe au-delà des mots, n'a pas de langue dans laquelle être traduite. Dieu, volonté, puissance. Quel que soit le nom de la force qui l'anime, Thuram est alors l'Élu. De cette expérience mystique, qu'est-il sorti ? Peut-être une révélation, mais laquelle ? Celle qui le conduira, par la suite, à quitter le « divertissement » pour l'engagement, lorsque tant d'autres de ses coéquipiers sont devenus conseillers, coachs ou commentateurs ?

Remerciements

À Sofia Bengana pour la confiance qu'elle m'a faite.

À Sophie Lajeunesse pour son œil inspiré.

Bibliographie et filmographie

Bibliographie

Karaté

Marcel MAUSS, *Manuel d'ethnographie*, 1926, rééd. Payot, 2021

Marcel MAUSS, *Les Techniques du corps*, 1934, rééd. Payot, 2021

Charles PÉGUY, *L'Argent*, in *Les Cahiers de la Quinzaine*, 1913

Tennis

Tonino BENACQUISTA, *Quelqu'un d'autre*, Gallimard, 2002

Serge DANEY, *L'Amateur de tennis : Critiques, 1980-1990*, P.O.L, 1994

Denis GROZDANOVITCH, *De l'art de prendre la balle au bond*, Jean-Claude Lattès, 2007

Vladimir Jankélévitch, *L'Aventure, l'Ennui, le Sérieux,* Aubier-Montaigne, 1963
René Lacoste, *Tennis*, Grasset, 1928

Football

Roger Caillois, *Les Jeux et les hommes*, Gallimard, 1958
Charles Darwin, *L'Origine des espèces* (1859), Flammarion, coll. « Garnier-Flammarion », 2008
Stéphane Floccari, *Pourquoi le football ?*, Les Belles Lettres, 2021
Olivier Guez, *Éloge de l'esquive*, Grasset, 2014
Jaroslav Hasek, *Les Aventures du brave soldat Švejk* (éd. originale 1921), Gallimard, coll. « Folio Classique », 2018
Ben Lyttleton, *Onze mètres – La solitude du tireur de penalty*, Hugo Sport, 2015
Jean-Claude Michéa, *Les Intellectuels, le peuple et le ballon rond*, Flammarion, coll. « Climats », 2003
Jean-François Pradeau, *Dans les tribunes : Éloge du supporter*, Les Belles Lettres, 2010

Boxe

Chinua Achebe, *Tout s'effondre*, Actes Sud, coll. « Babel », 2016
Miles Davis, *Miles, l'autobiographie*, Infolio, 2007

Norbert ELIAS (avec Eric DUNNING), *Sport et civilisation : la violence maîtrisée*, Fayard, 1994
Jacques HENRIC, *Boxe* (prix Médicis essai), Seuil, 2016
Emmanuel LEVINAS, *Éthique et infini* (dialogue avec Philippe Nemo), Fayard, 1982
Alexis PHILONENKO, *Histoire de la boxe*, Critérion, 1991
Joyce Carol OATES, *De la boxe*, Stock, 1988

Tir à l'arc

Pierre ASSOULINE, *Cartier-Bresson : L'œil du siècle*, Gallimard, coll. « Folio », 2001
Coralie CAMILLI, *L'Art du combat*, PUF, 2020
Eugen HERRIGEL, *Le Zen dans l'art chevaleresque du tir à l'arc* (éd. originale 1948), Dervy, 1993
HOMÈRE, *L'Odyssée*, La Découverte, 2004

Skateboard

Jean GALARD, *La Beauté du geste*, Presses de l'École normale supérieure, 1984
Paul YONNET, *Système des sports*, Gallimard, 1998
Raphaël ZARKA, *La Conjonction interdite*, B42, 2007
Raphaël ZARKA, *Chronologie lacunaire du skateboard*, B42, 2006

Plongeon

Greg Louganis (avec Eric Marcus), *Breaking the Surface*, Plume Publisher, 1996

Pascal Quignard, *Boutès*, Galilée, 2008

Course

Georges Demenÿ, *Les Origines sportives du cinéma*, Somogy/INSEP, 2017

Jean Echenoz, *Courir*, Minuit, 2008

Haruki Murakami, *Autoportrait de l'auteur en coureur de fond*, Belfond, 2009

Christian Pociello, *La Science en mouvements : Étienne Marey et Georges Demenÿ (1870-1920)*, PUF, 1999

Jean Prévost, *Plaisirs des sports : essais sur le corps humain*, Gallimard, 1925

Philippe Sollers, *Paradis*, Le Seuil, 1981

Georges Vigarello, *Une histoire culturelle du sport : techniques d'hier… et d'aujourd'hui*, Robert Laffont, 1988

Georges Vigarello, *Histoire du corps*, trois vol. sous la direction d'ensemble de Georges Vigarello et Alain Corbin, Jean-Jacques Courtine, Le Seuil, 2011

Saut en hauteur

Emmanuel Levinas, « Heidegger, Gagarine et nous » in *Difficile liberté : essais sur le judaïsme*, Albin Michel, 1976

Filmographie

The Big Boss, de Lo Wei, avec Bruce Lee, 1971
La Fureur de vaincre, de Lo Wei, avec Bruce Lee, 1972
La Fureur du dragon, de et avec Bruce Lee, 1972
Opération Dragon, de Robert Clouse, avec Bruce Lee, 1973

Les Vacances de monsieur Hulot, de Jacques Tati, 1953
Cyrano de Bergerac, de Jean-Paul Rappeneau, 1990
Blow-Up, de Michelangelo Antonioni, 1966

Timbuktu, d'Abderrahmane Sissako, 2014
Fußball wie noch nie, de Hellmuth Costard, autour de George Best, 1971
Les Yeux dans les Bleus, de Stéphane Meunier, 1998

Zidane, un portrait du XXIe siècle, de Douglas Gordon et Philippe Parreno, 2006

Messi, de Alex de la Iglesia, 2014
Bianca, de Nanni Moretti, 1983
La messe est finie, de Nanni Moretti, 1985
Palombella rossa, de Nanni Moretti, 1989
Journal intime, de Nanni Moretti, 1993
Habemus papam, de Nanni Moretti, 2011
Vers un avenir radieux, de Nanni Moretti, 2023

Muhammad Ali the greatest, de William Klein, 1974
When we were kings, de Leon Gast, 1996
Raging Bull, de Martin Scorsese, 1980

2001 : l'Odyssée de l'espace, de Stanley Kubrick, 1968
Histoire de l'arc au temple de Sanjusangendo, de Mikio Naruse, 1945

Dogtown and Z-Boys, de C. R. Stecyk III, 2001
The Devil's Toy, de Claude Jutra, 1966
La Vie rêvée de Walter Mitty, de et avec Ben Stiller, 2013

Olympia, de Leni Riefenstahl, 1938
Les Chariots de feu, de Hugh Hudson, 1981
Kipchoge : l'ultime défi, de Jake Scott, 2021

Composition : Facompo, Rouen

#lisez! engagé
www.lisez.com
Pour plus d'information :
Imprimé sur du papier issu de forêts gérées durablement.

CET OUVRAGE
A ÉTÉ ACHEVÉ D'IMPRIMER
SUR ROTO-PAGE
PAR L'IMPRIMERIE FLOCH
À MAYENNE EN FÉVRIER 2024

N° d'impression : 104262
Imprimé en France